LE
LEGATAIRE
UNIVERSEL.

COMEDIE.

Represente'e en 1708.

Imprimé à Roüen.

A PARIS,

Chez la Veuve de Pierre Ribou,
vis-à-vis la Comédie Françoise.

M. DCC. XXXI.

AVEC PRIVILEGE DU ROY.

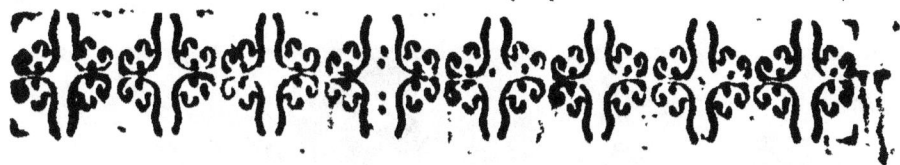

ACTEURS.

GERONTE, *Oncle d'Eraste.*

ERASTE, *Amant d'Isabelle.*

Mad. ARGANTE, *Mere d'Isabelle.*

ISABELLE, *Fille de Mad. Argante.*

LISETTE, *Servante de Geronte.*

CRISPIN, *Valet d'Eraste.*

Mr. CLISTOREL, *Apotiquaire.*

Mr. SCRUPULE, }
Mr. GASPARD, } *Notaires.*

UN LAQUAIS.

La Scene est à Paris chez Monsieur Geronte.

LE LEGATAIRE.

COMEDIE.

ACTE I.

SCENE PREMIERE.

LISETTE, CRISPIN.

LISETTE.

ON jour, Crispin, bon jour.

CRISPIN.

Bon jour, belle Lisette.
Mon Maître toûjours plein du soin qui
l'inquiete
M'envoie à ton lever, zélé Collatéral,

Sçavoir comment son oncle a passé la nuit.

LISETTE.

Mal.

CRISPIN.

Le bon homme chargé de fluxions, d'années ,,
Lute depuis long-tems contre les déstinées.
Et pare de la mort le trait fatal en vain ,,
Il n'évitera pas celui du Médécin.
Il garde le dernier , & ce corps cacochime ,,
Est à son art fatal dévoüé pour victime.
Nous prévoions dans peu qu'un petit ou grand deüil
Etendra de son long. Geronte en un cercuëil.
Si mon Maître pouvoit être fait Légataire ,
Je ferois de bon cœur les frais du luminaire;.

LISETTE.

Un remede par moi , lui vient d'être donné ,,
Tel que l'Apoticaire en avoit ordonné ,
J'ai crû que ce seroit le dernier de sa vie ,
Il est tombé sur moi deux fois en léthargie.

CRISPIN.

De ses boüillons de bouche , & des postérieurs.
Tu prens soin !

LISETTE

De ma main il les trouve meilleurs ;
Aussi sans me targuer d'une vaine science ,
J'entens ce métier-là , mieux que fille de France.

CRISPIN.

Peste , le beau talent ! tu te fais bien païer
Je croi , de tous les soins qu'il te fait employer:

LISETTE.

Il ne me donne rien, mais j'ai pour récompense
Le droit de lui parler avec toute licence,
Je lui dis à son nez des mots assez piquants.
Voilà tous les profits que j'ai depuis cinq ans.
C'est le plus ladre vert qu'on ait vû de la vie,
Je ne puis t'exprimer où va la vilenie.
Il trouve tous les jours dans son fécond cerveau
Quelque trait d'avarice admirable & nouveau.
Il a pour Médecin pris un Apotiquaire,
Pas plus haut que ma jambe, & de taille sommaire.
Il croit qu'étant petit il lui faut moins d'argent,
Et qu'attendu sa taille il ne païera pas tant.

CRISPIN.

S'il est court il fera de trés-longues parties.

LISETTE.

Mais dans son testament ses graces départies
Doivent me raquiter de son avare humeur,
Ainsi je renouvelle avec soin mon ardeur.

CRISPIN.

Il fait son testament ?

LISETTE.

　　　　　　Dans peu de tems j'espere
Y voir coucher mon nom en riche caractere.

CRISPIN.

C'est trés-bien espérer, j'espere bien encor,
Y voir aussi coucher le mien en lettres d'or.

LISETTE.

Tout-beau, l'ami, tout-beau, l'on diroit à t'en-
    tendre,
Qu'à la succession tu peux aussi prétendre:
Déja, ne sont-ils pas assez de concurrens,
Sans t'aller mettre encore au rang des aspirans ?
Il a tant d'héritiers, le bon Seigneur Géronte,
Il en a tant & tant, que par fois j'en ai honte.
Des oncles, des neveux, des nièces, des cousins,
Des arriere-cousins remuez de germains,
J'en comptai l'autre jour en lignes paternelles
Cent sept mâles, vivans, juge encore des femelles.

CRISPIN.

Oüi, mais mon maître aspire à la plus grosse part,
J'en pourrois bien aussi tirer ma cotte-part,
Je suis un peu parent & tiens à la famille.

LISETTE.

Toy ?

CRISPIN.

    Ma premiere femme étoit assez gentille.
Une Bretonne vive, & coquéte sur tout
Qu'Eraste que je sers trouvoit fort à son goût.
Je croi, comme toûjours il fut aimé des Dames,
Que nous pourrions bien être allié par les femmes.
Et de Monsieur Géronte il s'en faudroit bien peu
Que par-là je ne fusse un arriere neveu.

LISETTE.

Oüi da tu peux passer pour parent de campagne,
Ou pour neveu suivant la mode de Bretagne.

CRISPIN.

Mais raillerie à part, nous avons grand besoin
Qu'à faire un Testament Geronte prenne soin.
Si mon Maître, *primò*, n'est nommé Légataire,
Le reste de ses jours il fera maigre chére.
Secundò, quoiqu'il soit diablement amoureux,
Madame Argante, avant de couronner ses feux,
Et de le marier à sa fille Isabelle,
Veut qu'un bon testament bien sûr & bien fidéle
Fasse ledit neveu Légataire de tout ;
Mais ce qui doit le plus être de nôtre goût,
C'est qu'Eraste nous fait trois cens livres de rente ,
Si nous réüssissons au gré de son attente.
Ce don de nôtre himen formera les liens,
Ainsi tant de raisons font autant de moiens
Que j'emploie à prouver qu'il est très-nécessaire
Que le susdit neveu soit nommé Légataire ,
Et je conclus enfin qu'il faut conjointement
Agir pour arriver au susdit Testament.

LISETTE.

Comment diable, Crispin, tu plaide comme un Ange.

CRISPIN.

Je le croi ! mon talent te paroît-il étrange ?
J'ai brillé dans l'Etude avec assez d'honneur,
Et l'on m'a vû trois ans Clerc chez un Procureur,
Sa femme étoit jolie, & dans quelques affaires,
Nous jugions à hui clos de petits Commissaires.

LISETTE.

La boutique étoit bonne, hé ! pourquoi la quittez ?

CRISPIN.

L'Epoux un peu jaloux m'en a fait deferter,
Un Procureur n'est pas un homme fort traitable.
Sur sa femme, il m'a fait des chicannes de diable;
J'ai bataillé ma foi deux ans sans en fortir,
Mais je fus à la fin contraint de déguerpir.
Mais mon Maître paroît.

SCENE II.

ERASTE, CRISPIN, LISETTE.

ERASTE.

AH ! te voilà, Lifette,
Guéris-moi fi tu peux du foin qui m'inquiéte,
Hé ! bien, mon oncle est-il en état d'être vû ?

LISETTE.

Ah ! Monsieur, depuis hier il est encore déchu;
J'ai crû que cette nuit feroit sa nuit dérniére,
Et que je fermerois pouo jamais sa paupiére.
Les lettres de repi qu'il prend contre la mort,
Ne lui ferviront guére, où je me trompe fort.

ERASTE.

Ah ! Ciel ! que dis-tu-là ?

LISETTE.

C'est la vérité pure.

ERASTE.

Quelque soit mon espoir, je sens que la nature
Excite dans mon cœur de tristes sentimens.

CRISPIN.

Je sentis autrefois les mêmes mouvemens,
Quand ma femme passa les Rives du Cocyte,
Pour aller en Bâteau rendre aux défunts visite.
J'en avois dans le cœur un plaisir plein d'apas,
Comme tant de maris l'auroient en pareil cas;
Cependant la nature excitant la tristesse,
Faisoit quelque conflit avecque l'allegresse,
Qui par certains ressorts & mélanges confus,
Combattoient tour à tour, & prenoient le dessus,
Ensorte que l'espoir . . . la douleur légitime . . .
L'amour . . . . . on sent cela bien mieux qu'on ne
l'exprime.
Mais ce que je puis dire en vous accusant vrai,
C'est que tout à la fois, j'étois & triste & gai.

ERASTE.

Je ressens pour mon oncle une amitié sincère,
Je donne dans son sens en tout pour lui complai-
re,
Quoiqu'il dise, ou qu'il fasse, aiant le droit ou non,
Je conviens avec lui qu'il a toûjours raison.

LISETTE.

Il faut que le vieillard soit mal dans ses affaires,
Puisqu'il m'a commandé d'aller chez deux Notaires,

CRISPIN.

Deux Notaires, helas ! cela me fend le cœur.

LISETTE.

C'est pour instrumenter avecque plus d'honneur.

ERASTE.

Hé ! dis-moi, mon enfant, en pleine confidence,
Puis-je sans me flâter former quelque espérance ?

LISETTE.

Elle est très-bien fondée, & depuis quelques jours,
Avec Madame Argante il tient certains discours,
Où l'on parle tout bas de legs, de mariage,
Je n'ai de leur dessein rien apris d'avantage.
Vôtre Maîtresse est mise aussi dans l'entretien,
Pour moi je crois qu'il veut vous laisser tout son
    bien.
Et vous faire épouser Isabelle.

ERASTE.

Ah ! Lisette !
Que tu flâtes mes sens, que ma joie est parfaite.
Ce n'est point l'intérêt qui m'anime aujourd'hui,
Un Dieu beaucoup plus fort & plus puissant que lui,
L'amour parle en mon cœur, la charmante Isabelle
Est de tous mes desirs une cause plus belle.
Et pour le Testament, me fait faire des vœux...

LISETTE.

L'amour & l'intérêt seront contens tous deux,
Seroit-il juste aussi qu'un si bel héritage,
De cent cohéritiers, devint le sot partage.
Verrois-je d'un œil sec déchirer par lambeaux
Par

Par tant de campagnards, de pieds plats, de ni-
gaux.
Une succession qui doit, par parenthese,
Vous rendre un jour heureux, & nous mettre à
nôtre aise ;
Car vous sçavez, Monsieur...

ERASTE.

Va, tranquilise-toi,
Ce que j'ai dit est dit, repose-toi sur moi.

LISETTE.

Si vôtre oncle vous fait le bien qu'il se propose,
Sans trop vanter mes soins j'en suis un peu la cause,
Je lui dis tous les jours qu'il n'a point de neveux,
Plus doux, plus complaisans, ni plus respec-
tueux,
Non par l'espoir du bien que vous pouvez attendre,
Mais par un naturel & délicat & tendre.

CRISPIN.

Que cette fille-là connoît bien vôtre cœur !
Vous ne sçauriez ma foi trop païer son ardeur,
Je dois dans peu de tems contracter avec elle,
Regardez-là, Monsieur, elle est & jeune & belle,
N'allez pas en user comme de l'autre, non !

LISETTE.

Monsieur Geronte vient, il faut changer de ton,
Je n'ai point eu le tems d'aller chez les Notaires,
Toi qui m'as trop long-tems parlé de tes affaires,
Va vîte, cours, dis leur qu'ils soient prêts au besoin,

B

L'un s'apélle Gaspar & demeure à ce coin,
Et l'autre un peu plus bas, & se nomme Scrupule.
CRISPIN.
Voilà pour un Notaire un nom bien ridicule.

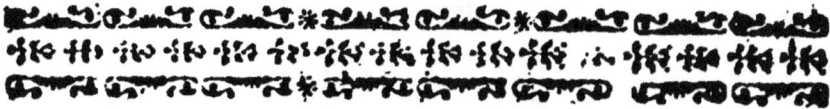

SCENE III.

GERONTE, ERASTE, LISETTE.

GERONTE.

AH ! bon jour, mon neveu.
ERASTE.
Je suis en vérité
Charmé de vous revoir en meilleure santé,
De grace asséyez-vous ; ôte donc cette chaise,
Mon oncle en ce fauteüil sera plus à son aise.
GERONTE.
J'ai cette nuit été secoüé comme il faut,
Et je viens d'essuyer un dangereux assaut,
Un pareil à coup sûr emporteroit la place.
ERASTE.
Vous voilà beaucoup mieux, & le Ciel par sa grace,
Pour vos jours en péril nous permet d'espérer ;
Il faut présentement songer à réparer

Les defordres qu'à pû caufer la maladie,
Vous faire deformais un régime de vie,
Prendre de bons boüillons, de fûrs confortatifs,
Nettoyer l'eftomach par de bons purgatifs,
Enfin ne vous laiffer manquer de nulles chofes.

GERONTE.

Oüi, j'aimerois affez ce que tu me propofes ;
Mais il faut tant d'argent pour fe faire foigner,
Que puifqu'il faut mourir autant vaut l'épargner,
Ces porteurs de Seringue ont pris des airs fi rogues,
Ce n'eft qu'au poids de l'or qu'on achete leurs
    drogues,
Qui pourroit s'en paffer & mourir tout-d'un-coup
De fon vivant, fans doute épargneroit beaucoup.

ERASTE

Oüi, vous avez raifon, c'eft une tirannie,
Mais je ferai les frais de vôtre maladie,
La fanté dans le monde étant le premier bien,
Un homme de bon fens n'y doit ménager rien,
De vos maux négligez vous guérirez fans doute,
Tâchons à réparer vos forces quoi qu'il coute.

GERONTE.

C'eft tout argent perdu dans cette occafion,
La maifon ne vaut pas la réparation,
Je veux mon cher neveu mettre ordre à mes
    affaires.
As-tu dit qu'on allât me chercher deux Notaires ?

LISETTE.

Oüi, Monfieur, & dans peu vous les verrez ici.

GERONTE.
Et dans peu vous ſçaurez mes ſentimens auſſi,
Je veux en bon parent vous les faire connoître.

ERASTE.
Je me doute à peu près de ce que ce peut être;

GERONTE.
J'ai des Collateraux.

LISETTE.
       Oüi, vraiment & beaucoup.

GERONTE.
Qui d'un regard avide, & d'une dent de loup,
Dans le fond de leur cœur dévorent par avance,
Une ſucceſſion qui fait leur eſpérance.

ERASTE.
Ne me confondez pas, mon oncle, s'il vous plaît,
Avec de tels parens.

GERONTE.
       Je ſçai ce qu'il en eſt.

ERASTE.
Vôtre ſanté me touche & me plaît davantage,
Que tout l'or qui pourroit me tomber en partage.

GERONTE.
J'en ſuis perſuadé. Je voudrois me vanger
D'un vain tas d'héritiers & les faire enrager,
Choiſir une perſonne honnête & qui me plaiſe,
Pour lui laiſſer mon bien & la mettre à ſon aiſe.

ERASTE.
Vous devez là-deſſus ſuivre vôtre deſir,

LISETTE.

Non , je ne comprens pas de plus charmant plaisir,
Que de voir d'héritiers une troupe affligée ,
Le maintien interdit , & la mine allongée ,
Lire un long testament où pâles, étonnez ,
On leur laisse un bon-soir avec un pied de nez ;
Pour voir au naturel leur tristesse profonde ,
Je reviendrois, je crois , exprès de l'autre monde.

GERONTE.

Quoi que déja je sois atteint & convaincu ,
Par les maux que je sens d'avoir long-tems vécu ;
Quoi-qu'un sable brûlant cause ma néphrétique ,
Que j'endure les maux d'une acre sciatique ,
Qui malgré le bâton que je porte en tout lieu ,
Fait souvent qu'en marchant je dissimule un peu,
Je suis plus vigoureux que l'on ne s'imagine ,
Et je vois bien des gens se tromper à ma mine.

LISETTE.

Il est de certains jours de barbe où sur ma foi ,
Vous ne paroissez pas plus malade que moi.

GERONTE.

Est-il vrai ?

LISETTE.

Dans vos yeux un certain éclat brille.

GERONTE.

J'ai toûjours reconnu du bon dans cette fille ,
Je veux pourtant songer à mettre ordre à mon bien,
Avant qu'un prompt trépas m'en ôte le moyen ,
Tu connois & tu vois par fois Madame Argante.

ERASTE.

Oüi, dans fes procédez elle eſt toute charmante,

GERONTE.

Et ſa fille Iſabelle, euh! la connois-tu?

ERASTE.

Fort,

C'eſt une fille ſage & qui charme d'abord.

GERONTE.

Tu conviens que le Ciel a verſé dans ſon ame
Les qualitez qu'on doit chercher en une femme.

ERASTE.

Je ne voi point d'objet plus digne d'aucuns vœux,
Ni de fille plus propre à rendre un homme heureux.

GERONTE.

Je m'en vais l'épouſer.

ERASTE.

Vous mon oncle!

GERONTE.

Moi-même,

ERASTE.

J'en ai je vous l'avoüe une allegreſſe extrême.

LISETTE.

Miſéricorde! hélas! ha! ciel affiſte-nous!
De quelle malheureuſe allez-vous être époux?

GERONTE.

D'Iſabelle, en ce jour, & par ce mariáge,
Je lui donne à ma mort tout mon bien en partage.

ERASTE.

Vous ne pouvez mieux faire, & j'en ſuis très-content,

Je voudrois comme vous en pouvoir faire autant.

LISETTE.

Quoi vous, vieux & caſſé, fiévreux, épileptique,
Paralitique, éthique, aſmatique, hidropique,
Vous voulez de l'hymen allumer le flambeau,
Et ne faire qu'un ſaut de la nôce au tombeau.

GERONTE.

Je ſçai ce qu'il me faut, aprenez je vous prie,
Que même ma ſanté veut que je me marie,
Je prens une compagne, & de qui tous les jours,
Je pourrai dans mes maux tirer de grands ſecours.
Que me ſert-il d'avoir une avide cohorte
D'héritiers qui toûjours veille & dort à ma porte,
De gens qui furetant les clefs du coffre fort,
Me détendront mon lit peut-être avant ma mort.
Une femme au contraire, à ſon devoir fidelle,
Par des ſoins conjugaux me marquera ſon zéle,
Et de ſon chaſte amour recuëillant tout le fruit,
Je me verrai mourir en repos & ſans bruit.

ERASTE,

Mon oncle parle juſte, & ne ſçauroit mieux faire
Que de ſe ménager un ſecours néceſſaire.
Une femme œconome & pleine de raiſon,
Prendra ſeule le ſoin de toute la maiſon.

GERONTE. *l'embraſſant.*

Ah! le joli garçon! aurois-je dû m'attendre
Qu'il eût pris cette affaire, ainſi qu'on lui voit
prendre.

ERASTE.

Vôtre bien seul m'est cher.

GERONTE.

Va tu n'y perdras rien,
Quoi qu'il puisse arriver je te ferai du bien,
Et tu ne seras pas frustré de ton attente.
Mais quelqu'un vient ici.

SCENE IV.

UN LAQUAIS, ERASTE, GERONTE, LISETTE.

LE LAQUAIS.

Monsieur, Madame Argante
Et sa fille sont-là.

ERASTE.

Je vais les amener.

GERONTE *à Lisette.*

Mon chapeau, ma perruque.

LISETTE.

On va vous les donner.
Les voilà.

GERONTE.

Ne va pas leur parler je te prie,

Ni de mon lavement, ni de ma létargie.

LISETTE.

Elles ont toutes deux bon nez, dans un moment,
Elles le fentiront de refte afiurément.

SCENE V.

Mad. ARGANTE, ISABELLE,
GERONTE, LISETTE.

Me. ARGANTE.

Nous avons ce matin apris de vos nouvelles,
Qui nous ont mis pour vous en des peines
mortelles,
Vous avez, ce dit-on, très-mal paffé la nuit.

GERONTE.

Ce font mes héritiers qui font courir ce bruit.
Ils me voudroient déja voir dans la fépulture,
Je ne me fuis jamais mieux porté je vous jure.

ERASTE.

Mon oncle a le vifage, ou du moins peu s'en faut,
D'un galand de trente ans.

LISETTE bas.

Oüi! qui mourra bien-tôt.

GERONTE.

Je ferois bien malade & plus qu'à l'agonie,

Si des yeux auffi beaux ne me rendoient la vie.

Me. ARGANTE.

Ma fille en ce moment vous voyez devant vous,
Celui que je vous ai deftiné pour époux.

GERONTE.

Oüi, Madame, c'eft vous, pour le moins je m'en
       flâte,
Qui guérirez mes maux mieux qu'un autre hipo-
       crate,
Vous êtes pour mon cœur comme un julep futur,
Qui doit le nettoyer de ce qu'il a d'impur,
Mon himen avec vous eft un fûr émethique,
Et je vous prens enfin pour mon dernier topique.

ISABELLE.

Je ne fçai pas, Monfieur, pourquoi vous me pré-
       nez,
Mais ce choix m'interdit & vous me furprenez.

Me. ARGANTE.

Monfieur vous époufant vous fait un avantage,
Qui doit faire oublier & fes maux & fon âge,
Et vous n'aurez pas lieu de vous en repentir.

ISABELLE.

Madame le devoir m'y fera confentir,
Mais peut-être Monfieur par cette loi fevere,
Ne trouvera-t-il pas en moi ce qu'il efpere,
Je fçai ce que je fuis, & le peu que je vaux,
Pour être comme il dit un remede à fes maux,
Il fe trompe bien fort s'il prétend fur ma mine,
Devoir trouver en moi toute la Médecine,

Je connois bien mes yeux, ils ne feront jamais
Une si belle cure & de si grands effets.

ERASTE.

Au pouvoir de ces yeux je rens plus de justice.

GERONTE.

Au feu que je ressens, si l'amour est propice,
Avant qu'il soit neuf mois sans trop me signaler,
Tous mes collatéraux auront à qui parler,
Dans le monde on sçaura dans peu de mes nouvelles.

LISETTE *bas.*

Ah! par ma foi je croi qu'il en fera de belles,
Si le Diable vous tente & vous veut marier,
Qu'il cherche un autre objet pour vous aparier.
Je m'en raporte à vous, Madame est vive & belle,
Il lui faut un époux qui soit aussi vif qu'elle.
Bienfait, & de bon air, qui n'ait pas vingt-cinq ans,
Vous, vous êtes majeur, & depuis très-long-tems.
A vôtre âge doit-on parler de mariages?
Employez le Notaire à de meilleurs usages.
C'est un bon testament, un testament morbleu,
Bien fait, bien cimenté, qui doit vous tenir lieu
De tendresse, d'amour, de desir, de ménage,
De femme, de contrat, d'enfans, de mariage,
J'ai parlé, je me tais.

GERONTE.
Vraiment c'est fort bien fait,
Qui vous a donc si bien afilé le caquet?

LISETTE.

La raison,

GERONTE.

De ſes airs ne ſoyez point bleſſées,
Elle me dit par fois librement ſes penſées,
Je le ſouffre en faveur de quelques bons talens.

LISETTE.

Je ne ſçai ce que c'eſt que de flâter les gens.

ERASTE.

Vous avez très-grand tort de parler de la ſorte :
Je voudrois me porter comme Monſieur ſe porte,
Il veut ſe marier, & n'a-t-il pas raiſon,
D'avoir un héritier, s'il peut, de ſa façon ?
Quoi, refuſera-t-il une aimable perſonne,
Que ſon heureux deſtin lui réſerve & lui donne ?
Ah ! le ciel m'eſt témoin ſi je voudrois jamais,
De ſort plus glorieux pour combler mes ſouhaits.

ISABELLE.

Vous me conſeillez donc de conclure l'affaire.

ERASTE.

Je croi qu'en vérité vous ne ſçauriez mieux faire.

ISABELLE.

Vos conſeils amoureux & vos rares avis,
Puiſque vous le voulez, Monſieur, ſeront ſuivis.

Me. ARGANTE.

Ma fille ſçait toûjours obéïr quand j'ordonne.

ERASTE.

Oüi, je vous ſoutiens moi qu'une jeune perſonne,
Malgré ſa répugnance & l'orgüeil de ſes ſens,
Doit ſuivre aveuglement le choix de ſes parens,
Et mon oncle après tout n'a pas un ſi grand âge.

A de-

A devoir renoncer encore au mariage ,
Et soixante & huit ans , est-ce un si grand déclin ,
Pour ....

GERONTE.
Je ne les aurai qu'à la saint Jean prochaine

LISETTE.
Il a souffert le choc de deux apoplexies ,
Qui ne sont par bonheur que deux paralisies ,
Et tous les Médecins qui connoissent ses maux ,
Ont juré Galien , qu'à son retour des Eaux ,
Il n'auroit sûrement ni goute sciatique ,
Ni gravelle , ni point , ni toux , ni néphrétique.

GERONTE.
Ils m'ont même assuré que dans fort peu de tems ,
Je pourois de mon chef avoir quelques enfans.

LISETTE.
Je ne suis Medecin non-plus qu'Apoticaire ,
Et je jugerois moi , cependant du contraire.

GERONTE bas.
Lisette , le remede agit à certain point ....

LISETTE.
En dussiez vous crever , ne le témoignez point.

ERASTE.
Mon oncle qu'avez - vous , vous changez de
    visage ?

GERONTE.
Mon neveu je n'y puis résister davantage.
Ah ! ah ! Madame il faut que je vous dise adieu ,
Certain devoir pressant m'apelle en certain lieu.

C

Me A R G A N T E.

De peur d'incommoder nous vous cedons la place

GERONTE.

Eraste, conduis-les, excufes-moi de grace,
Si je ne puis refter plus long-tems avec vous.

Il s'en va.

L I S E T T E.

Madame, vous voiez le pouvoir de vos coups,
Un feul de vos regards d'un mouvement facile,
Agite plus d'humeurs, détache plus de bile,
Opere plus en lui dès la premiere fois,
Que les médicamens qu'il prend depuis fix mois.
O pouvoir de l'amour !

Me A R G A N T E,

Adieu je me retire.

E R A S T E.

Madame, accordez-moi l'honneur de vous conduire.

L I S E T T E.

Moi je vais là-dedans vâquer à mon emploi,
Le bon homme m'attend & ne fait rien fans moi,
Pour le premier début d'une nôce concluë,
Voilà, je vous l'avouë, une belle entrevûë.

Fin du premier Acte.

ACTE II.

SCENE PREMIERE.

Me ARGANTE, ISABELLE, ERASTE.

Me ARGANTE.

C'EST trop nous retenir, laiſſez-nous
donc partir.

ERASTE.

Je ne puis vous quitter ni vous laiſſer ſortir,
Que vous ne me flâtiez d'un rayon d'eſpérance.

Me ARGANTE.

Je voudrois vous pouvoir donner la préférence.

ERASTE.

Quoi vous aurez, Madame, aſſez de cruauté,
Pour conclure à mes yeux cet hymen projetté.
Après m'avoir promis la charmante Iſabelle,
Pourai-je, ſans mourir, me voir ſéparé d'elle.

Me ARGANTE.

Quand je vous la promis, vous me fîtes serment,
Que vôtre oncle en faveur de cet engagement,
Vous feroit de ses biens donation entière.
En épousant ma fille il offre de le faire,
Ai-je tort ?

ERASTE à Isabelle.

Vous, Madame, y consentirez-vous ?

ISABELLE.

Affûrément, Monsieur, il sera mon époux,
Et ne venez-vous pas de me dire vous-même
Qu'une fille malgré la répugnance extrême
Qu'elle trouvoit à prendre un parti présenté,
Devoit de ses parens suivre la volonté.

ERASTE.

Et ne voiez-vous pas que par cet artifice,
Pour rompre ses projets je flâtois son caprice,
Il est certains esprits qu'il faut prendre de biais,
Et que heurtant de front vous ne gagnez jamais ;
Mon oncle est ainsi fait ; l'intérêt peut-il faire,
Que vous sacrifiez une fille si chere ?

Me ARGANTE.

Mais le bien qu'il lui fait.

ERASTE.

Donnez-moi vôtre foi
De rompre cet himen & je vous promets moi,
De tourner aujourd'hui son esprit de maniére
Que les choses iront ainsi que je l'espere,
Et qu'il fera pour moi quelque heureux testament.

Me ARGANTE.

S'Il le fait, ma fille est à vous absolument.
Je vais d'un mot d'écrit lui mander que son âge,
Que sa frêle santé répugne au mariage,
Que je serois bien-tôt cause de son trépas ;
Que l'affaire est rompuë & qu'il n'y pense pas.

ISABELLE.

Je me fais d'obéïr une joie infinie.

ERASTE.

Que mon sort est heureux, qu'il est digne d'envie !
Mais Lisette s'avance & j'entens quelque bruit.
Comment mon oncle est-il ?

SCENE II.

LISETTE, Me ARGANTE, ISABELLE, ERASTE.

LISETTE.

LE voilà qui me suit !

Me ARGANTE.

Je vous laisse avec lui, pour moi je me retire ;
Mais avant de partir je vais là-bas écrire,
Vous de vôtre côté, secondez mon ardeur.

ERASTE.

Le prix que j'en attens, vous répond de mon cœur.

SCENE III.

ERASTE, LISETTE.

LISETTE.

HE' bien vous souffrirez que vôtre oncle à son
  âge,
Fasse devant vos yeux un si sot mariage.
Qu'il vous frustre d'un bien que vous devez avoir.

ERASTE.

Hélas ! ma pauvre enfant j'en suis au desespoir.
Mais l'affaire n'est pas encore consommée,
Et son feu pourroit bien s'en aller en fumée.
La mere en ma faveur change de volonté,
Et va d'un mot d'écrit entre nous concerté,
Remercier mon oncle & lui faire comprendre,
Qu'il est un peu trop vieux pour en faire son gendre.

LISETTE.

Je veux dans le complot entrer conjointement.
Et que deviendroit donc enfin le testament,
Sur lequel nous fondons toutes nos espérances,
Et qui doit cimenter un jour nos alliances,
Et faire le bonheur d'Eraste & de Crispin ?
Il faut par nôtre esprit faire nôtre destin,
Et rompre absolument l'hymen qu'il prétend faire,
J'en ai fait dire un mot à son Apotiquaire,
C'est un petit mutin qui doit venir tantôt :

Et qui lui lavera la tête comme il faut.
Je ne veux pas rester dans une nonchalance
Qu'il faut laisser aux sots, mais Geronte s'avance.

SCENE IV.

GERONTE, ERASTE, LISETTE.

GERONTE.

MA colique m'a pris assez mal-à-propos,
Je n'ai senti jamais à la fois tant de maux.
N'ont-elles point été justement irritées
De ce que je les ai si brusquement quittées?

ERASTE.

On sçait que d'un malade on doit excuser tout.

LISETTE.

Monsieur a fait pour vous les honneurs jusqu'au
        bout.
Je dirai cependant qu'en entrant en matiere,
Vous n'avez pas-là fait un beau préliminaire.

ERASTE.

Mon oncle fera mieux une seconde fois,
Suffit qu'en épousant il ait fait un bon choix.

GERONTE.

Il est vrai, cependant j'ai quelque répugnance
De songer à mon âge à faire une alliance,
Mais puisque j'ai promis....

LISETTE.

         Ne vous contraignez-point,
On n'eſt pas aujourd'hui ſcrupuleux ſur ce point,
Monſieur acquitera la parole donnée.

GERONTE.

Le ſort en eſt jetté, ſuivons ma deſtinée,
Je voudrois inventer quelque petit cadeau,
Qui coûtât peu d'argent & qui parut nouveau.

ERASTE.

Repoſez-vous ſur moi des ſoins de cette fête,
Des habits, du repas qu'il faut que l'on aprête,
J'ordonne ſur ce point, bien mieux qu'un Médecin.

GERONTE.

Ne va pas m'embarquer dans un ſi grand feſtin.

LISETTE.

Il faut que l'abondance avec ſoin répanduë,
Puiſſe nous raquiter de vôtre triſte vûë.
Il faut entendre auſſi ronfler les violons,
Et je veux avec vous danſer les cotillons.

GERONTE.

Je valois dans mon tems mon prix tout comme
       un autre.

LISETTE.

Cela fait que bien peu vous valez dans le nôtre.

SCENE V.

UN LAQUAIS, GERONTE, ERASTE, LISETTE,

UN LAQUAIS.

MA Maîtresse qui sort dans ce moment d'ici,
M'a dit de vous donner le billet que voici.
  GERONTE *prenant le Billet.*
Pour ma santé sans doute elles sont inquietes ;
Lisons, va me chercher, Lisette, mes Lunettes.
  LISETTE.
Cela vaut-il le soin de vous tant préparer,
Donnez-moi le billet, je vais le déchifrer.
                                        Elle lit.
 « *Depuis nôtre entrevûë, Monsieur, j'ai fait*
réflexion sur le mariage proposé, & je trouve
qu'il ne convient ni d'l'un, ni d l'autre ;
ainsi vous trouverez bon, s'il vous plaît, qu'en
vous rendant vôtre parole, je retire la mienne,
& que je sois vôtre très-humble & très-obeïs-
sante servante.
                    Madame ARGANTE,
        Et plus bas,
                            ISABELLE.

Vous pouvez maintenant sans que l'on vous punisse
Vous retirer chez vous, & quitter le service.
Voilà vôtre congé bien signé.

GERONTE.

Mon neveu,
Que dis-tu de cela?

ERASTE.

Je m'en étonne peu
Mais sans vous arrêter à cet écrit frivole,
Il faut les obliger à tenir leur parole.

GERONTE.

Je me garderai bien de suivre ton avis,
Et d'un plaisir soudain tous mes sens font ravis
Je ne sçai pas comment ennemi de moi-même,
Je me précipitois dans ce péril extrême.
Un sort à cet himen m'entraînoit malgré moi,
Et point du tout l'amour.

LISETTE.

Sans jurer je le croi.
Que diantre voulez-vous que l'amour aille faire
Dans un corps moribond ? à ses feux si contraire
Ira-t-il se loger avec des fluxions,
Des cathares, des toux, & des obstructions.

GERONTE au Laquais.

Attens un peu là-bas, & que rien ne te presse,
Je vais faire à l'instant réponse à ta maîtresse.
Voyez comme je prens promptement mon parti,
De l'himen tout-d'un-coup me voilà départi.

LISETTE.

Il faut chanter, Monsieur, vôtre nom par la Ville

Voilà ce qui s'apelle une action virille.

E R A S T E.

C'étoit temerité dans l'âge où vous voilà,
Mal-sain, fiévreux, goutteux, & pis que tout cela,
De prendre femme, & faire en un jour si célébre,
Du flambeau de l'himen une torche funebre.

G E R O N T E.

Mais tu loüois tantôt mon dessein & mes feux.

E R A S T E.

Tantôt vous faisiez bien, & maintenant bien
    mieux.

G E R O N T E.

Puisque je suis tranquille, & qu'un conseil plus sage
Me guérit des vapeurs, d'amour, de mariage,
Je veux mettre ordre au bien que j'ai reçu du Ciel,
Et faire en ta faveur un legs universel.
Par un bon testament.

E R A S T E.

          Ah ! Monsieur, je vous prie,
Epargnez cette idée à mon ame attendrie,
Je ne puis sans soupirs vous oüir prononcer,
Le mot de testament, il semble m'annoncer,
Avant qu'il soit long-tems le sort qui doit le suivre,
Et le malheur auquel je ne pourai survivre,
Je fremis quand je pense à ce moment cruel.

G E R O N T E.

Tant mieux, c'est un effet de ton bon naturel.
Je veux donc te nommer mon Légataire unique,
J'ai deux parens encore pour qui le sang s'explique,
L'un est fils de mon frere, & tu sçais bien son nom

Gentilhomme Normand, affez gueux, ce dit-on,
Et l'autre eft une veuve avec peu de richeffe,
La fille de ma fœur, par conféquent ma niéce,
Qui jadis dans le Maine époufa quoique vieux,
Certain Baron qui n'eut pour bien que fes yeux.
Je veux donc en faveur de l'amitié fincére,
Qu'autrefois je portois à leur pere, à leur mere,
Leur laiffer à chacun vingt mille écus comptant.

LISETTE.

Vingt-mille écus ! le legs feroit exhorbitant.
Un neveu bas Normand, une niéce du Maine,
Pour acheter chez eux des procez par douzaine;
Joüirons pour plaider d'un bien comme cela ?
Fi, c'eft trop des trois quarts pour ces deux ca-
cres-là.

GERONTE.

Je ne les vis jamais, ce que je puis vous dire,
C'eft qu'ils fe font tous deux avifez de m'écrire
Qu'ils vouloient à Paris venir dans peu de tems
Pour me voir, m'embraffer & retourner content;
Je croi que tu n'es pas fâché que je leur laiffe,
De quoi vivre à leur aife, & foûtenir Nobleffe.

ERASTE.

N'êtes-vous pas, Monfieur, maître de vôtre bien;
Tout ce que vous ferez, je le trouverai bien.

LISETTE.

Et moi je trouve mal cette dernière claufe,
Et de tout mon pouvoir à ce legs je m'opofe.
Mais vous ne fongez pas que le Laquais attend.
GERON-

GERONTE.

Je vais l'expédier & reviens à l'inftant.

LISETTE.

Avez-vous oublié qu'une paralifie,
S'eft de nôtre bras droit depuis un mois faifie,
Et que vous ne fçauriez écrire ni figner.

GERONTE.

Il eft vrai, mon neveu viendra m'accompagner.
Et je vais lui dicter une lettre d'un ftile
Qui de Madame Argante émouvera la bile.
J'en fuis bien affuré. Viens, Erafte, fuis-moi.

ERASTE.

Vous obéïr, Monfieur, eft ma fuprême loi.

SCENE VI.

LISETTE *feule.*

Nos affaires vont prendre une face nouvelle,
Et la fortune enfin nous rit & nous apelle.
Ah! te voilà, Crifpin, & d'où diantre viens-tu ?

SCENE VII.

CRISPIN, LISETTE.

CRISPIN.

MA foi, pour te servir j'ai diablement couru,
Ces Notaires font gens d'aproche difficile.
L'un n'étoit pas chez lui, l'autre étoit par la Ville,
Je les ai déterrez où l'on m'avoit inſtruit,
Dans un jardin, à table, en un petit réduit,
Avec des Dames qui m'ont parû de bonne mine.
Je croi qu'ils paſſoient-là quelque Acte à la ſourdine,
Mais dans une heure au plus ils ſeront tous ici.

LISETTE.

Bon,
Sçais-tu pourquoi Geronte ici les mandoit ?

CRISPIN.

Non.

LISETTE.

Pour faire ſon contrat de mariage.

CRISPIN.

Oh ! diable
A ſon âge il voudroit nous faire un tour ſemblable.

LISETTE.

Pour Isabelle un trait décoché par l'amour,
Avoit ma foi percé son pauvre cœur à jour.
Et frustrant des neveux l'espérance uniforme,
Lui-même il vouloit faire un héritier en forme.
Mais le Ciel par bonheur en ordonne autrement.
Il pense maintenant à faire un testament.
Où ton Maître sera nommé son Légataire.

CRISPIN.

Pour lui, comme pour nous, il ne pouvoit mieux
faire.
La nouvelle est trop bonne, il faut qu'en sa faveur,
Je t'embrasse & t'embrasse, & ma foi de bon cœur,
Et qu'un épanchement de joie & de tendresse,
En te congratulant.... l'amour qui m'interresse....
La nouvelle est charmante & vaut seule un tresor.
Il faut ma chere enfant que je t'embrasse encor.

LISETTE.

Dans tes emportemens, sois sage & plus mode-
ste.

CRISPIN.

Excuse si la joie emporte un peu le geste.

LISETTE.

Mais comme en ce bas monde, il n'est nuls biens
parfaits,
Et que tout ne va pas au gré de nos souhaits.
Il met au testament une fâcheuse clause.

CRISPIN.

Et dis-moi mon enfant quelle est-elle ?

LISETTE.

Il difpofe
De fon argent comptant quarante mille écus,
Pour deux parens lointains & qu'il n'a jamais vûë.

CRISPIN.

Quarante mille écus d'argent fec & liquide !
De la fucceffion voilà le plus folide.
C'eft de l'argent comptant dont je fais plus de cas,
Vous en aurez menti, cela ne fera pas.
C'eft moi qui vous le dis, mon cher Monfieur
    Geronte,
Vous avez fait fans moi trop vite vôtre compte.
Eh ! qui font ces parens ?

LISETTE.

L'un eft un bas Normand,
Gentilhomme natif d'entre Falaife & Caën.
L'autre eft une Baronne & veuve fans doüaire,
Qui dans le Maine fait fa démeure ordinaire,
Plaideufe s'il en fut, comme on m'a dit fouvent,
Qui de vingt-cinq procez, en perd trente par an.

CRISPIN.

C'eft tirer du métier toute la quinteffence.
Puifque pour les procez elle a fi bonne chance,
Il faut lui faire perdre encore celui-ci.

LISETTE.

L'un & l'autre bien-tôt arriveront ici,
Il faut mon cher Crifpin tirer de ta cervelle,
Comme d'un Arfenal quelque rufe nouvelle,
Qui déporte Geronte à leur faire ce legs.

CRISPIN.

A-t-il vû quelquefois ces deux parens ?

LISETTE.

Jamais,

Il a fçû feulement par une lettre écrite,
Qu'ils viendront à Paris pour lui rendre vifite.

CRISPIN.

Mon vifage chez vous n'eft-il point trop connu ?

LISETTE.

Geronte, tu le fçais ne t'a prefque point vû.
Et pour te dire vrai, je fuis perfuadée,
Qu'il n'a de ta figure encore nulle idée.

CRISPIN.

Bon ; mon Maître fçait-il ce dangereux projet,
L'intention de l'oncle & le tort qu'on lui fait ?

LISETTE.

Il ne le fçait que trop, dans fon cœur il enrage,
Et voudroit que quelqu'un détournât cet orage.

CRISPIN.

Je ferai ce quelqu'un, je te le promets bien,
De la fucceffion les parens n'auront rien.
Et je veux que Geronte à tel point les haïffe,
Qu'ils foient desheritéz, de plus qu'il les maudiffe,
Eux & leurs defcendans à perpetuité,
Et tous les rejettons de leur poftérité.

LISETTE.

Quoi ! tu pourois Crifpin...

CRISPIN.

Va, demeure tranquille,
D 3.

Le prix qui m'est promis me rendra tout facile,
Car je dois t'épouser si . . .

LISETTE.

D'accord . . . mais enfin . . .

CRISPIN.

Comment donc ?

LISETTE.

Tu m'as l'air d'être un peu libertin.

CRISPIN.

Ne nous reprochons rien.

LISETTE.

On sçait de ces fredaines ?

CRISPIN.

Nous sommes but à but, ne sçais-je point des tiennes ?

LISETTE.

Tu dois de tous côtez & tu dévras long-tems.

CRISPIN.

J'ai cela de commun avec d'honnêtes gens,
Mais enfin sur ce point à tort tu t'inquiétes,
Le testament de l'oncle acquitera mes dettes.
Et tel n'y pense pas qui doit paier pour moi.
Mais on vient.

LISETTE.

C'est Geronte, adieu sauve-toi.
Va m'attendre là-bas, dans peu j'irai t'instruire
De ce que pour ton rôle il faudra faire & dire.

CRISPIN.

Va, va, je sçai déja tout mon rôle par cœur,
Les gens d'esprit n'ont point besoin de précepteur.

SCENE VIII.

GERONTE, ERASTE, LISETTE.

GERONTE *tenant une Lettre.*

JE parle en cet écrit comme il faut à la mere,
Je voudrois que quelqu'un me contât la maniere :
Dont elle recevra mon petit compliment,
Je croi qu'elle sera surprise assûrément.

ERASTE.

Si vous voulez, Monsieur, me charger de la Lettre,
Moi-même entre ses mains je promets de la mettre,
Et de vous raporter ce qu'elle m'aura dit,
Et ce qu'elle aura fait en lisant vôtre écrit.

GERONTE.

Cela sera-t'il bien que toi-même on te voie....

ERASTE.

Vous ne sçauriez, Monsieur, me donner plus de joie.

GERONTE.

Dis-leur de bouche encore, qu'elles ne pensent pas
A renoüer l'himen dont je fais peu de cas.

ERASTE.

De vos intentions je sçai tout le mistére.

GERONTE.

Que je vais à l'inftant te nommer Légataire,
Te donner tout mon bien.

ERASTE

Je connois leur efprit,
Elles en créveront toutes deux de dépit ;
Demeurez en repos je fçai ce qu'il faut dire ,
Et de nôtre entretien je reviens vous inftruire.

SCENE IX.

GERONTE, LISETTE.

GERONTE.

OUï , depuis que j'ai pris ce généreux deffein ,
Je me fens de moitié plus leger & plus fain.

LISETTE.

Vous avez fait , Monfieur , ce que vous déviez
faire ,
Mais j'aperçois quelqu'un , c'eft vôtre Apotiquaire ,
Monfieur Cliftorel.

SCENE X.

Mr CLISTOREL, GERONTE, LISETTE.

GERONTE.

AH! Dieu vous gard'en ces lieux,
Je suis quand je vous voi plus vif & plus joieux.

CLISTOREL *fâché.*

Bon jour, Monsieur, bon jour.

GERONTE.

Si je m'y puis connoître,
Vous paroissez fâché, quoi!

CLISTOREL.

J'ai raison de l'être.

GERONTE.

Qui vous a mis si fort la bile en mouvement?

CLISTOREL.

Qui me l'a mise!

GERONTE.

Oüi.

CLISTOREL.

Vos sottises.

GERONTE.

CLISTOREL.

Je viens vraiment d'aprendre une belle nouvelle,
Qui me réjoüit fort.

GERONTE.

Eh ! Monsieur , quelle est-elle ?

CLISROREL.

N'avez-vous point de honte à l'âge où vous voilà,
De faire extravagance égale à celle-là ?

GERONTE.

Dequoi s'agit-il donc ?

CLISTOREL.

Il vous faudroit encore,
Malgré vos cheveux gris quelques grains d'Elle-
bore.
On m'a dit par la Ville , & c'est un fait certain,
Que de vous marier vous formez le dessein.

LISETTE.

Quoi ! ce n'est que cela.

CLISTOREL.

Comment donc dans la vie,
Peut-on faire jamais de plus haute folie ?

GERONTE.

Et quand cela seroit , pourquoi vous récrier,
Vous que depuis un mois on vit remarier.

CLISTOREL.

Vraiment c'est bien de même, avez-vous le courage,
Et la mâle vigueur requise en mariage ?

Je vous trouve plaifant, & vous avez raifon
De faire avec moi quelque comparaifon,
J'ai fait quatorze enfans à ma premiere femme,
Madame Cliftorel ; Dieu veüille avoir fon ame,
Et fi dans mes travaux la mort ne me furprend,
J'efpére à la feconde en faire encore autant.

LISETTE.

1. Ce fera très-bien fait.

CLISTOREL.

               Vôtre corps cacochime,
N'eft point fait, croiez-moi, pour ce genre d'ef-
    crime,
J'ai lû dans Hypocrate, il n'importe en quel lieu,
Un aphorifme fûr, il n'eft point de milieu,
Tout vieillard qui prend fille allerte&tropfringante,
De fon propre couteau fur fes jours il attente.
Virgo libidinofa fenem jugulat.

LISETTE.

Quoi ! Monfieur Cliftorel, vous fçavez du latin,
Vous pourriez dans un jour vous faire Médecin.

CLISTOREL.

Moi ! le Ciel m'en préferve, & ce font tous des ânes,
Ou du moins les trois quarts, ils m'ont fait cent
    chicanes,
Au procès qu'ils nous ont fottement intenté,
Moi feul, j'ai fait bouquer toute la faculté,
Ils vouloient obliger tous les Apotiquaires,
A faire & mettre en place, eux-mêmes leurs
    cliftéres,

Et que tous nos garçons ne fussent qu'assistant

LISETTE

Fi donc ! ces Médecins sont de plaisantes gens.

CLISTOREL

Il m'auroit fait beau voir avec des lunettes,
Faire en jeune aprentif ces fonctions secretes,
C'étoit à soixante ans nous mettre à l'A B C,
Voiez pour tout un corps quel affront ç'eût été ?

GERONTE

Vous avez fort bien fait dans cette procedure,
D'avoir jusques au bout soûtenu la gageure.

CLISTOREL

J'étois bien résolu plûtôt que de plier,
D'y manger ma boutique, & jusqu'à mon mortier.

LISETTE

Leur dessein en effet étoit bien ridicule.

CLISTOREL

Je suis quand je m'y mets, plus têtu qu'une mule.

GERONTE

C'est bien fait, ces Messieurs vouloient vous of-
fenser,
Mais que vous ai-je fait moi pour vous courroucer?

CLISTOREL

Ce que vous m'avez fait ! vous voulez prendre
femme,
Pour crever, & moi seul j'en aurai tout le blâme,
Prendre une femme vous ; allez vous êtes fou.

GERONTE

Monsieur,

CLIS.

CLISTOREL.

Il vaudroit mieux qu'on vous tordit le coû.

GERONTE.

Mais , Monfieur.

CLISTOREL.

Prenez-moi de bonnes médecines , ?
Avec de bons firops & drogues anodines.
De bon catholicon.

GERONTE.

Monfieur.

CLISTORE.

De bon fené ;
De bon fel polycrefte extrait & rafiné.

GERONTE.

Monfieur un petit mot,

CLISTOREL.

De bon tartre Emetique
Quelque bon lavement fort & diuretique ,
Voilà ce qu'il vous faut, mais une femme.

GERONTE.

Mais ƒ

CLISTOREL.

Ma boutique pour vous eft fermée à jamais,
S'il lui falloit . . .

LISETTE.

Monfieur.

CLISTOREL.

Dans un péril extrême
Le moindre lénitif, ou le moindre apozéme,

E

Une goutte de miel , ou de décoction,

Je le verrois créver comme un vieux mousqueton.

O le beau jouvenceau pour entrér en ménage !

LISETTE.

Mais Monsieur Clistorel ...

CLISTOREL.

Le plaisant mariage !

Le beau petit mignon !

LISETTE.

Monsieur , écoutez-nous,

CLISTOREL.

Non, non , je ne veux plus de commerce avec vous,

Serviteur , serviteur,

✻✻✻✻✻✻✻✻✻✻

SCENE XI.

LISETTE, GERONTE,

LISETTE.

Que le diable t'emporte,

Non , je ne vis jamais animal de la sorte ,

A le bien mesurer , il n'est pas que je crois

Plus haut que sa seringue , & glapit comme trois,

Ces petits avortons ont tous l'humeur mutine,

GERONTE.

Il ne reviendra plus, son départ me chagrine.

LISETTE.

Pour un vous aurez mille même tout à la fois.
Un de mes bons amis dont il faut faire choix ,
Qui s'est fait depuis peu passer Apotiquaire ,
M'a promis qu'à bon prix il seroit vôtre affaire ,
Et qu'il auroit pour vous quelque sirop à part,
Casse , séné , rhubarbe , & le tout de hazard,
Qui fera plus d'effet & de meilleur ouvrage ,
Que ce qu'on vous vendroit quatre fois davantage.

GERONTE.

Fais-le moi donc venir.

LISETTE.

Je n'y manquerai pas.

GERONTE.

Allons nous reposer, Lisette , sui mes pas ;
Ce Monsieur Clistorel m'a tout ému la bile.

LISETTE.

Souvenez-vous toûjours quand vous serez tran-
quile ,
Dans vôtre Testament de me faire du bien.

GERONTE bas.

Je t'en crai pourvû qu'il ne m'en coûte rien.

Fin du second Acte.

ACTE III.

SCENE PREMIERE.

LISETTE, GERONTE.

GERONTE.

ERASTE ne vient point me rendre de
réponse ?
Qu'est-ce que ce délai me prédit &
m'annonce ?

LISETTE.

Et pourquoi, s'il vous plaît, vous inquiéter tant ?
Suffit que vous devez être de vous content,
Vous n'avez jamais fait rien de plus héroïque,
Que de rompre un himen aussi Tragi-comique.

GERONTE.

Je suis content de moi dans cette occasion,
Et Monsieur Clistorel a fort bonne raison.
C'étoit la pierre au cou, la tête la première,

M'aller précipiter au fond de la riviére.

LISETTE.

Bon ! c'étoit cent fois pis encore que tout cela.
Mais enfin tout va bien.

SCENE II.

CRISPIN en Gentil-homme campagnard, GERONTE, LISETTE.

CRISPIN heurtant.

Hola quelqu'un , hola.
Tout est-il mort ici , laquais , valet , servante,
J'ai beau heurter , crier , aucun ne se presente,
Le diable puisse-t-il emporter la maison.

LISETTE.

Eh ! qui diantre chez nous heurte de la façon,
Que voulez-vous , Monsieur , quel démon vous
  agite ?
Vient-on chez un malade ainsi rendre visite ?

à part.

Dieu me pardonne , c'est Crispin , c'est lui , ma foi.

CRISPIN bas.

Tu ne te trompes pas, ma chere enfant , c'est moi.

E 3,

Bon jour, bon jour la fille, on m'a dit par la Ville,
Qu'un Geronte en ce lieu tenoit son domicile.
Pouroit-on lui parler ?

LISETTE.

Pourquoi non ? le voilà.

CRISPIN *lui secoüant le bras.*

Parbleu j'en suis bien-aise. Ah ! Monsieur touchez-
là.
Je suis vôtre valet ou le diable m'emporte.
Touchez-là derechef le plaisir me transporte
Au point que je ne puis assez vous le montrer.

GERONTE.

Cet homme assurément prétend me démembrer.

CRISPIN.

Vous paroissez surpris autant qu'on le peut-être.
Je voi que vous avez peine à me reconnoître,
Mes traits vous sont nouveaux, sçavez-vous bien
pourquoi ?
C'est que vous ne m'avez jamais vû.

GERONTE.

Je le croi

CRISPIN.

Mais feu Monsieur mon pere Alexandre Choupille,
Gentil-homme Normand prit pour femme une fille,
Qui fut à ce qu'on dit vôtre sœur autrefois,
Et qui me mit au jour au bout de quatre mois.
Mon pere se fâcha de cette diligence,
Mais un ami sensé lui dit en confidence,
Qu'il est vrai que ma mere en faisant ses enfans,

N'obſervoit pas encore aſſez l'ordre des tems ;
Mais qu'aux femmes l'erreur n'étoit pas inoüie.
Et qu'elle ne manquoit qu'à la chronologie.

GERONTE.

A la chronologie !

LISETTE.

     Une femme en effet
Ne peut pas calculer comme un homme auroit fait.

CRISPIN.

Or donc, cette femelle à concevoir ſi prompte,
Qu'à tout conſidérer quelquefois j'en ai honte,
En me mettant au jour, ſoit diſgrace ou faveur,
M'a fait vôtre neveu, puiſqu'elle eſt vôtre ſœur.

GERONTE.

Aprenez, mon neveu, ſi par hazard vous l'êtes,
Que vous êtes un ſot aux diſcours que vous faites.
Ma ſœur fût ſage, & nul ne peut lui reprocher
Que jamais ſur l'honneur on l'ait pû voir broncher.

CRISPIN.

Je le croi, cependant tant qu'elle fut vivante,
On tient que ſa vertu fût un peu chancelante :
Quoiqu'il en ſoit enfin, légitime ou bâtard,
Soit qu'on m'ait mis au monde ou trop tôt ou trop
   tard.
Je ſuis vôtre neveu, quoiqu'en diſe l'envie,
De plus vôtre héritier venant de Normandie.
Exprès pour recüeillir vôtre ſucceſſion.

GERONTE.

C'eſt bien fait, & je loüe aſſez l'intention.

Quand vous en allez-vous ?

CRISPIN.

Voudriez-vous me suivre ?
Cela dépend du tems que vous avez à vivre.
Mon oncle, soiez sûr que je ne partirai,
Qu'après vous avoir vû bien cloüé, bien muré,
Dans quatre ais de sapin, reposer à vôtre aise.

LISETTE.

Vous avez un neveu, Monsieur, ne vous déplaise,
Qui dit ses sentimens en pleine liberté.

GERONTE.

A te dire le vrai, j'en suis épouventé.

CRISPIN.

Je suis persuadé de l'humeur dont vous êtes,
Que la succession sera des plus complettes,
Que je vais manier de l'or à pleine main ;
Car vous êtes, dit-on, un avare, un vilain ;
Je sçai que pour un sol, d'une ardeur héroïque,
Vous vous feriez fesser dans la place publique.
Vous avez, dit-on même, acquis en plus d'un lieu
Le titre d'usurier & de fesse-mathieu.

GERONTE.

Sçavez-vous, mon neveu, qui tenez ce langage,
Que si de mes deux bras j'avois encore l'usage,
Je vous ferois sortir par la fenêtre.

CRISPIN.

Moi ?

GERONTE.

Oüi vous, & dans l'instant sortez.

CRISPIN.

Ah ! par ma foi,

Je vous trouve plaisant de parler de la sorte !
C'est à vous de sortir & de passer la porte.
La maison m'apartient , ce que je puis souffrir,
C'est de vous y laisser encore vivre & mourir.

LISETTE.

Ah , Ciel ! quel garnement !

GERONTE.

Où suis-je ?

CRISPIN.

Allons, ma mié,

Au bel apartement méne-moi, je te prie.
Est-il voisin du tien, je te trouve à mon gré,
Et nous pourrons la nuit converser de plein-pié.
Bonne chere, grand feu, que la cave enfoncée,
Nous fournisse à pleins brocs une liqueur aisée,
Fais main-basse sur tout le bon-homme a bon bos,
Et l'on peut hardiment le ronger jusqu'aux os.
Mon oncle, pour ce soir, il me faut je vous prie:
Cent Loüis neufs comptant en avance d'hoirie ;
Si-non demain matin, si vous le trouvez bon,
Je mettrai de ma main le feu dans la maison.

GERONTE.

Grands Dieux, vit-on jamais insolence semblable !

LISETTE.

Ce n'est pas un neveu, Monsieur, mais c'est un
    diable :
Pour le faire sortir emploiez la douceur.

GERONTE.

Mon neveu, c'est à tort qu'avec tant de hauteur
Vous venez tourmenter un oncle à l'agonie,
En repos laissez-moi finir ma triste vie,
Et vous hériterez au jour de mon trépas.

CRISPIN.

D'accord ; mais quand viendra ce jour ?

GERONTE.

A chaque pas
L'impitoïable mort s'obstine à me poursuivre,
Et je n'ai tout au plus que quatre jours à vivre.

CRISPIN.

Je vous en donne six, mais après ventrebleu,
N'allez pas me manquer de parole, ou dans peu
Je vous fais enterrer mort ou vif. Je vous laisse,
Mon oncle encore un coup tenez vôtre promesse,
Où je tiendrai la mienne.

***

SCENE III.

GERONTE, LISETTE.

LISETTE.

AH ! quel homme voilà !
Quel neveu vos parens vous ont-ils donné-là !

GERONTE.

Ce n'est point, mon neveu, ma sœur étoit trop sage,
Pour élever son fils dans un air si sauvage.
C'est un fiéfé brutal, un homme des plus fous.

LISETTE.

Cependant à le voir il a quelque air de vous,
Dans ses yeux, dans ses traits, un je ne sçai quoi
   brille.
Enfin, on s'aperçoit qu'il tient de la famille.

GERONTE.

Par ma foi, s'il en tient, il lui fait peu d'honneur.
Ah ! le vilain parent.

LISETTE.

           Et vous auriez le cœur
De laisser vôtre bien, une si belle somme,
Vingt mille écus comptant à ce beau Gentilhomme.

GERONTE.

Moi, lui laisser mon bien, j'aimerois mieux cent fois
L'enterrer pour jamais.

LISETTE.

           Ma foi, je m'aperçois
Que Monsieur le neveu, si j'en crois mon présage,
N'aura pas trop gagné d'avoir fait son voiage,
Et que le pauvre diable arrivé d'aujourd'hui
Auroit aussi-bien fait de demeurer chez lui.

GERONTE.

Si c'est sur mon bien seul qu'il fonde sa cuisine,
Je t'assure déja qu'il mourra de famine,
Et qu'il n'aura pas lieu de rire à mes dépens.

LISETTE.

C'eſt fort bien fait, il faut aprendre à vivre aux
    gens.
Voilà comme ſont faits tous ces neveux avides
Qui ne peuvent cacher leurs naturels perfides ;
Quand ils n'aſſomment pas un oncle aſſez âgé ;
Ils prétendent encore qu'il leur eſt obligé
Mais Eraſte revient , & nous allons aprendre
Comment tout s'eſt paſſé.

SCENE IV.

ERASTE, GERONTE, LISETTE.

GERONTE.

Tu te fais bien attendre,
Tu m'as abandonné dans un grand embarras,
Un malheureux neveu m'eſt tombé ſur les bras!

ERASTE.

Il vient de m'acoſter là-bas tout hors d'haleine,
Et m'a dit en deux mots le ſujet qui l'ameine.

GERONTE.

Que dis-tu de ſes airs ?

ERASTE.

Je les trouve étonnans,

Ij

Il peſte, il jure, il veut mettre le feu céans.

GERONTE.

J'aurois bien eu beſoin ici de ta preſence
Pour réprimer l'excès de ſon impertinence,
Liſette en eſt témoin.

LISETTE.

                Ah! le mauvais pendart,
A qui Monſieur vouloit de ſon bien faire part.

GERONTE.

J'ai bien changé d'avis, je te donne parole,
Qu'il n'aura de mon bien jamais la moindre obole.

ERASTE.

Je me ſuis acquitté de ma commiſſion,
Et tout s'eſt fait au gré de nôtre intention,
Vôtre lettre a produit un effet qui m'enchante,
On a montré d'abord une ame indifférente.
D'un faux air de mépris voulant couvrir leur jeu,
Elles me paroiſſent s'en ſoucier fort peu.
Mais quand je leur ai dit que vous vouliez me faire,
Aujourd'hui de vos biens unique légataire,
Car vous m'avez preſcrit de parler ſur ce ton.

GERONTE.

Oüi, je te l'ai promis, c'eſt mon intention.

ERASTE.

Elles ont toutes deux témoigné des ſurpriſes,
Dont elles ne ſeront de ſix mois bien remiſes.

GERONTE.

J'en ſuis perſuadé.

E

ERASTE.

Mais écoutez ceci ,
Qui doit bien vous surprendre & m'a surpris auffi;
C'est que Madame Argante aimant vôtre famille,
M'a propofé tout franc de me donner fa fille ,
Et d'acquiter ainfi par un commun égard
La parole donnée & d'une & d'autre part.

GERONTE.

Et qu'as-tu fçû répondre à ces belles penfées ?

ERASTE.

Que je ne voulois point aller fur vos brifées ,
Sans avoir fur ce point fçû vôtre fentiment,
Et de plus obtenu vôtre confentement.

GERONTE.

Ne t'embarrafle point encore de mariage ,
Que mon exemple ici ferve à te rendre fage.

LISETTE.

Moi , j'aprouverois fort cet himen & ce choix,
Il eft tel qu'il le faut , & j'y donne ma voix ,
Il convient à Monfieur , de fuivre cette envie ;
Non à vous qui devez renoncer à la vie.

GERONTE.

A la vie , & pourquoi ? fuis-je mort , s'il vous
    plaît ?

LISETTE.

Je ne fçai pas , Monfieur , au vrai ce qu'il en eft,
Mais tout le monde croit à vôtre air trifte & fombre,
Qu'errant près du tombeau vous n'êtes plus qu'un
    ombre ,

Et que pour des raisons qui vous font differer ,
Vous ne vous êtes pas encore fait enterrer.

GERONTE.

Avec de tels discours & ton air d'insolence ,
Tu pourrois à la fin lasser ma patience.

LISETTE.

Je ne sçai point , Monsieur , farder la vérité ,
Et dis ce que je pense avecque liberté.

SCENE V.

UN LAQUAIS , GERONTE , ERASTE , LISETTE.

UN LAQUAIS.

UNe Dame là bas , Monsieur , avec sa suite ,
Qui porte le grand deüil vient vous rendre
visite ,
Et se dit vôtre niéce.

GERONTE.

Encore des parens ?

LE LAQUAIS.

La ferai-je monter ?

GERONTE.

Non , je te le défens.

F 2

LISETTE.

Gardez-vous bien, Monsieur, d'en user de la sorte,
Et vous ne devez pas lui refuser la porte,
Va-t'en la faire entrer, contraignez-vous un peu,
La niéce aura l'esprit mieux fait que le neveu,
Entre tant de parens ce seroit bien le diable,
S'il ne s'en trouvoit pas quelqu'un de raisonnable.

SCENE VI.

CRISPIN *en veuve, un petit Dragon lui portant la queuë.* GERONTE, LISETTE, ERASTE.

CRISPIN.

Permettez, s'il vous plaît, que cet embrasse-
ment,
Vous témoigne ma joie & mon ravissement,
Je vois un oncle enfin, mais un oncle que j'aime,
Et que j'honore aussi cent fois plus que moi-même.

LISETTE *bas à Eraste.*

Monsieur, c'est-là Crispin.

ERASTE.

C'est lui, je le sçai bien,
Nous avons eu là-bas un moment d'entretien.

GERONTE.

Elle a de la douceur, & de la politesse,

Qu'on donne promptement un fauteüil à ma niéce,
CRISPIN.
Ne bougez, s'il vous plaît, le respect m'interdit,
Un fauteüil près mon oncle ! un tabouret suffit.
GERONTE.
Je suis assez content déja de l'aparence.
ERASTE.
Elle sçait vraiment vivre, & sa taille est charmante.
CRISPIN.
Fi donc, vous vous moquez, je suis à faire peur,
Je n'avois autrefois que cela de grosseur,
Mais vous sçavez l'effet d'un second mariage,
Et ce que c'est d'avoir des enfans en bas âge,
Cela gâte la taille & furieusement.
LISETTE.
Vous passeriez encore pour fille assurément.
CRISPIN.
J'ai fait du mariage une assez triste épreuve,
A vingt ans mon mari ma laissé mere & veuve,
Vous vous doutez assez qu'après ce prompt trépas,
Et fait comme on est ayant quelques apas,
On auroit pû trouver à convoler de reste ;
Mais du pauvre défunt la mémoire funeste,
M'oblige à devorer en secret mes ennuis.
J'ai bien de fâcheux jours & de plus dures nuits,
Mais d'un veuvage affreux les tristes insomnies,
Ne m'arracheront point de noires perfidies,
Et je veux chez les morts emporter si je peux,
Un cœur qui ne brûla que de ses premiers feux.

ERASTE

On ne poussa jamais plus loin la foi promise,
Voilà des sentimens dignes d'une Artemise.

GERONTE.

Vôtre époux vous laissant mere & veuve à vingt ans,
Ne vous a pas laissé je croi beaucoup d'enfans.

CRISPIN.

Rien que neuf ; mais le cœur tout gonflé d'amer‐
tume,
Deux ans encore après j'accouchai d'un posthume.

LISETTE.

Deux ans après ! voiez quelle fidelité ?
On ne le croira pas dans la posterité.

GERONTE.

Peut-on vous démander sans vous faire de peine,
Quel sujet si pressant vous fait quitter le Maine.

CRISPIN.

Le désir de vous voir est mon premier objet,
De plus certains procès qu'on m'a sottement fait,
Pour certain four bannal scis en mon territoire.
Je propose d'abord un bon déclinatoire,
On passe outre, je forme empêchement formel,
Et sans nuire à mon droit j'anticipe l'apel.
La cause est au Bailliage ainsi revendiquée,
On plaide, & je me trouve enfin interloquée !

LISETTE.

Interloquée ! ah ciel ! quel affront est-ce-là ?
Et vous avez souffert qu'on vous interloqua,
Une femme d'honneur se voir interloquée.

ERASTE.

Pourquoi donc de ce terme être si fort piquée ?
C'est un mot du barreau.

LISETTE.

     C'est ce qu'il vous plaira,
Mais Juge de ses jours ne m'interloquera,
Le mot est immodeste, & le terme m'en choque ;
Et je ne veux jamais souffrir qu'on m'interloque.

GERONTE.

Elle est folle, & souvent il lui prend des accès. ...
Elle ne parle pas si bien que vous procès.

CRISPIN.

Ce procès n'est pas seul le sujet qui m'ameine,
Et qui m'a fait quitter si brusquement le Maine ;
Ayant apris, Monsieur, par gens dignes de foi,
Qui m'ont fait un recit de vous & que je croi,
Que vous étiez un homme atteint de plus d'un vice,
Un ivrogne, un joüeur....

ERASTE.

    Comment donc ? quel caprice ?

CRISPIN.

Qui hantiez certains lieux & le jour & la nuit,
Où l'honnêteté souffre, & la pudeur gémit.

GERONTE.

Est-ce à moi, s'il vous plaît, que ce discours s'adresse ?

CRISPIN.

Oüi, mon oncle, à vous même, a-t-il rien qui vous
  blesse.
Puisqu'il est copié d'après la verité,

GERONTE.

Je ne sçais où j'en suis.

CRISPIN.

On m'a même ajoûté,
Que depuis très-long-tems avec Mademoiselle,
Vous meniez une vie indigne & criminelle,
Et que vous en aviez déja plusieurs enfans.

LISETTE.

Avec moi, juste Ciel ! voyez les médisans,
De quoi se mêlent-ils, est-ce là leur affaire;

GERONTE.

Je ne sçai qui retient l'effet de ma colere ?

CRISPIN.

Ainsi sur le raport de mille honnêtes gens,
Nous avons fait, Monsieur, assembler vos parens;
Et pour vous empêcher dans ce desordre extrême,
De manger nôtre bien & vous perdre vous-même,
Nous avons résolu d'une commune voix,
De vous faire interdire en observant les loix;

GERONTE.

Moi ! me faire interdire.

LISETTE.

Ah, Ciel ! quelle famille.

CRISPIN.

Nous sçavons vôtre vie avec cette fille,
Et voulons empêcher qu'il ne vous soit permis,
De faire un mariage un jour *in extremis*.

GERONTE.

Sortez d'ici, Madame, & que de vôtre vie

D'y remettre le pied il ne vous prenne envie ,
Sortez d'ici, vous dis-je , & fans vous arrêter....

CRISPIN.

Comment battre une veuve & la violenter ?
Au fecours, aux voifins, au meurtre, on m'affaffine.

dERONTE.

Voilà , je vous l'avouë , une grande coquine.

CRISPIN.

Quoi ? contre vôtre fang vous ofez blafphêmer .
Cela peut bien aller à vous faire enfermer.

LISETTE.

Faire enfermer , Monfieur ?

CRISPIN.

Ne faites point la fiere .
On peut auffi vous mettre à la falpêtriere.

LISETTE.

A la falpêtriere !

CRISPIN.

Oüi , ma mie , & fans bruit .
De vos déportemens on n'eft que trop inftruit.

ERASTE.

Il faut déveloper le fond de ce miftere ,
Que l'on m'aille à l'inftant chercher un Commiffaire.

CRISPIN.

Un Commiffaire à moi ! fuis-je donc, s'il vous plaît
Gibier à Commiffaire ?

ERASTE.

On verra ce que c'eft,
Et dans peu nous fçaurons avec un tel tumulte .

Si l'on vient chez les gens ainſi leur faire inſulté,
Vous mon oncle rentrez dans vôtre apartement ,
Je vous rendrai raiſon de tout dans un moment.

GERONTE.

Ouf, ce jour-ci , ſera le dernier de ma vie.

LISETTE.

Miſérable , tu mets un oncle à l'agonie ,
La mauvaiſe famille & du Maine & de Caën ,
Oüi , tous ces parens-là , méritent le carcan,

SCENE VII.

ERASTE, CRISPIN.

ERASTE.

Est-il bien vrai, Criſpin, & ton ardeur ſincere...

CRISPIN.

Envoyez donc, Monſieur, chercher un Commiſſaire,
Je l'attens de pied ferme.

ERASTE.

Ah ! juſte Ciel ! c'eſt toi,
Je ne me trompe poſnt !

CRISPIN.

Oüi , ventrebleu c'eſt moi,
Vous venez de me faire une rude algarade.

ERASTE.

Ta pudeur a souffert d'une telle incartade.

CRISPIN.

L'ardeur de vous servir m'a donné cet habit,
Et comme vous voyez mon projet réüssit.
Avec de certains mots j'ai conjuré l'orage,
Ici des deux parens j'ai fait le personnage,
Et j'ai dit en leur nom de telles duretez,
Qu'ils seront par ma foi tous deux deshéritez.

ERASTE.

Quoi ?...

CRISPIN.

Si vous m'aviez vû tantôt faire merveille ;
En noble Campagnard le plumet sur l'oreille,
Avec un feutre gris, longue bréte au côté,
Mon air de bas Normand vous auroit enchanté,
Mais il faut dire vrai cette coëffe m'inspire
Plus d'intrépidité que je ne puis vous dire,
Avec cet attirail j'ai vingt fois moins de peur,
L'adresse & l'artifice ont passé dans mon cœur,
Qu'on a sous cet habit & d'esprit & de ruse ?

ERASTE.

Enfin de ses neveux l'oncle se desabuse,
Il fait un testament qui doit combler mes vœux,
Est-il dans l'univers un mortel plus heureux ?

SCENE VIII.

LISETTE, ERASTE, CRISPIN.

LISETTE.

Ah ! Monsieur, aprenez un accident terrible ;
Monsieur Geronte est mort.

ERASTE.

Ah ! Ciel est-il possible.

CRISPIN.

Quoi l'oncle de Monsieur seroit défunt.

LISETTE.

Hélas !

Il ne vaut guére mieux, tant le pauvre homme est bas,
Arrivant dans sa chambre & se traînant à peine.
Il s'est mis sur son lit sans force & sans haleine,
Et roidissant les bras, la suffocation,
A tout-d'un-coup coupé la respiration,
Enfin il est tombé, malgré mon assistance,
Sans voix, sans sentiment, sans poulx, sans connoissance.

ERASTE.

Je suis au desespoir, c'est ce dernier transport

Où

Où tu l'as mis , Crispin , qui causera sa mort.

CRISPIN.

Moi , Monsieur ? de sa mort je ne suis point la
    cause ,

Et le défunt tout franc a fort mal pris la chose.

Pourquoi se saisit-il si fort pour des discours ?

J'en voulois à son bien , & non pas à ses jours.

ERASTE.

Ne désesperons point encore de sa vie ,

Il tombe assez souvent dans une létargie,

Qui ressemble au trépas , & nous allarme fort.

LISETTE.

Ah ! Monsieur , pour le coup il est à moitié mort ,

Et moi qui m'y connois , je dis qu'il faut qu'il
    meure ,

Et qu'il ne peut jamais aller encore une heure.

ERASTE.

Ah ! juste Ciel ! Crispin , quel triste évenement ?

Mon oncle moura donc sans faire un testament ?

Et je serai frustré par cette mort cruelle ,

De l'espoir d'obtenir la charmante Isabelle ?

Fortune , je sens bien , l'effet de ton couroux !

LISETTE.

C'est à moi de pleurer , & je perds plus que vous.

CRISPIN.

Allons mes chers enfans il faut agir de tête,

Et presenter un front digne de la tempête,

Il n'est pas tems ici de répandre des pleurs ,

Faisons voir un courage au-dessus des malheurs.

G

ERASTE.

Que nous sert le courage, & que pouvons-nous
faire ?

CRISPIN.

Il faut premiérement d'une ardeur salutaire,
Courir au coffre fort, sonder les cabinets,
Démeubler la maison, s'emparer des effets ;
Lisette, quelque tems tiens la bouche cousuë,
Si tu peux, va fermer la porte de la ruë,
Empare-toi des clefs de peur d'invasion,

LISETTE.

Personne n'entrera, sans ma permission,

CRISPIN.

Que l'ardeur du butin & d'un riche pillage,
N'emporte pas trop loin vôtre boüillant courage ?
Sur-tout dans l'action gardons le jugement,
Le sort conspire en vain contre le testament,
Plûtôt que tant de bien passe en des mains profanes,
De Geronte défunt j'évoquerai les mânes,
Et vous aurez pour vous malgré les envieux,
Et Lisette, & Crispin, & l'Enfer & les Dieux,

Fin du troisiéme Acte.

ACTE IV.

SCENE PREMIERE.

ERASTE, CRISPIN.

ERASTE *tenant le porte-*
feüille de Geronte.

AH ! mon pauvre Crispin, je perds toute
esperance,
Mon oncle ne sçauroit reprendre con-
noissance.
L'art & les Medecius sont ici superflus,
Le pauvre homme n'a pas à vivre une heure au plus,
Le legs universel qu'il prétendoit me faire,
Comme tu vois, Crispin, ne m'enrichira guére.

CRISPIN.

Lisette & moi, Monsieur, pour finir nos projets,
Nous comptions bien aussi sur quelque petit legs,

ERASTE.

Quoiqu'un cruel destin à nos desirs contraire,

Epuife contre nous les traits de fa colére:
Nos foins ne feront pas infructueux & vains.

Quarante mille écus que je tiens dans mes mains,
Trifte & fatal débris d'un malheureux naufrage,
Seront mis fi je veux à l'abri de l'orage.
Voilà tous bons billets que j'ai trouvez fur lui.

CRISPIN *voulant prendre les billets.*
Souffrez que je partage avec vous vôtre ennui.
Ce petit lénitif en attendant le refte ,
Poura nous confoler d'un coup auffi funefte.

ERASTE.
Il eft vrai , cher Chrifpin , mais enfin tu fçais bien
Que cela ne fait pas prefque le quart du bien
Qu'en la fucceffion mes foins pouvoient prétendre ,
Et que le teftament me donnoit lieu d'attendre.
Des maifons à Paris , des terres , des contrats ,
Offroient bien à mon cœur de plus charmans apas.
Non que l'ardeur du gain & la foif des richeffes.
Me fiffent reffentir leurs indignes foibleffes,
C'eft du plus noble feu dont mon cœur eft épris
Je devois époufer Ifabelle à ce prix.
Ce n'eft qu'avec ce bien , qu'avec ces avantages ,
Que je puis de fa mere obtenir les fuffrages ,
Faute de teftament , je perds & pour toûjours ,
Un bien dont dépendoit le bonheur de mes jours.

CRISPIN
J'entre dans vos raifons , elles font très-plaufibles,
Mais ce font de ces coups imprévûs & terribles ,
Dont tout l'efprit humain demeure confondu ,

Et qui mettent à bout la plus mâle vertu.
Pour marquer au vieillard sa derniére demeure,
O mort ! tu dévrois bien attendre encore une heure,
Tu nous aurois tous mis dans un parfait repos,
Et le tout se seroit passé bien à propos.

ERASTE.

Faudra-t-il qu'un espoir fondé sur la justice,
En stériles regrets passe & s'évanoüisse,
Ne sçaurois-tu, Crispin, parer ce coup fatal,
Et trouver promptement un reméde à mon mal ?
Tantôt tu méditois un héroïque ouvrage,
C'est dans les grands dangers qu'on voit un grand
    courage.

CRISPIN.

Oüi, je croïois tantôt réparer cet échec,
Mais à present j'échouë, & je demeure à sec.
Un autre en pareil cas seroit aussi stérile,
S'il faloit par hazard d'un coup de main habile,
Soustraire, escamoter sans bruit un testament,
Où vous seriez traité peu favorablement ;
Peut-être je pourois par quelque coup d'adresse,
Exercer mon talent & montrer ma proüesse ;
Mais en faire trouver alors qu'il n'en est point,
Le diable avec sa clique, & réduit à ce point,
Fort inutilement s'y casseroit la tête,
Et cependant, Monsieur, le Diable n'est pas bête.

ERASTE.

Tu veux donc me confondre & me desesperer ?

SCENE II.

LISETTE, ERASTE, CRISPIN.

LISETTE.

LEs Notaires , Monſieur , viennent là-bas d'entrer ,
Je les ai mis tous deux dans cette ſalle baſſe ,
Voiez ! que voulez-vous, s'il vous plaît , qu'on en
faſſe ?

ERASTE.

Je vois à tout moment croître mon embaras ,
Fais-en ma pauvre enfant tout ce que tu voudras,
Sçavent-ils que mon oncle a perdu connoiſſance ,
Et qu'il ne peut parler.

LISETTE.

Non , pas encore je penſe,

ERASTE.

Crispin ?

CRISPIN.

Monſieur !

ERASTE.

Helas !

CRISPIN.

Helas ?

ERASTE.

Juste Ciel !

CRISPIN.

Ha ?

ERASTE.

Que ferons-nous, dis-moi ?

CRISPIN.

Tout ce qu'il vous plaira.

ERASTE.

Quoi ! les renverrons-nous ?

CRISPIN.

Eh ! qu'en voulez-vous faire ?

Qu'en pouvons-nous tirer qui nous soit salutaire ?

LISETTE.

Je vais donc leur marquer qu'ils n'ont qu'à s'en
aller.

ERASTE l'arrêtant.

Attens encore un peu je me sens accabler;
Crispin tu vas me voir expirer à ta vûë.

CRISPIN.

Je vous suivrai de près, & la douleur me tuë;

LISETTE.

Moi, je n'irai pas loin, faut-il nous voir tous trois,
Comme d'un coup de foudre écraser à la fois !

CRISPIN.

Attendez... il me vient... le dessein est bizare,
Il pourroit par hazard... j'entrevoi... je m'égare.

Et je ne vois plus rien que par confusion,

LISETTE.
Peste soit l'animal avec sa vision.

ERASTE.
Fais-nous part du dessein que ton cœur se propose,

LISETTE.
Allons mon cher Crispin, tâche à voir quelque chose,

CRISPIN.
Laisse-moi donc rêver.... oüi-dà... non... si pourtant,
Pourquoi non ... on pourroit ...

LISETTE.
Ne rêve-donc point tant,
Les Notaires là-bas sont dans l'impatience,
Tout ici ne dépend que de la diligence.

CRISPIN.
Il est vrai, mais enfin j'accouche d'un dessein,
Qui passera l'effort de tout esprit humain,
Toi qui paroît dans tout si legére & si vive,
Exerce à ce sujet, ton imaginative.
Voions ton bel esprit.

LISETTE.
Je t'en laisse l'emploi,
Qui peut en fourberie être si fort que toi ?
L'amour doit t'animer ton adresse passée.

CRISPIN.
Paix... silence... il me vient un surcroit de pensée,
J'y suis ventrebleu !

LISETTE.
Bon,

CRISPIN.

Dans un fauteuil affis

LISETTE.

Fort bien...

CRISPIN.

Ne troublez pas l'entousiasme où je suis,
Un grand bonnet fourré jusques sur les oreilles,
Les volets bien fermez...

LISETTE.

C'est penser à merveilles,

CRISPIN.

Oüi, Monsieur, dans ce jour au gré de vos sou-
haits,
Vous serez légataire & je vous le promets,
Allons, Lisette, allons, r'animons nôtre zéle,
L'amour à ce projet nous guide & nous apelle,
Va de l'oncle défunt me chercher quelque habit,
Sa robe de malade, & son bonnet de nuit,
Les dépoüilles du mort feront nôtre victoire,

LISETTE.

Je veux en élever un Trophée à ta gloire,
Et je cours te servir, je reviens sur mes pas.

SCENE III.

ERASTE, CRISPIN.

ERASTE.

TU m'arraches, Crispin , des portes du trépas ,
Si ton dessein succéde au gré de nôtre envie ,
Je veux te rendre heureux le reste de ta vie.
Je serois légataire & par même moien,
J'épouserois l'objet qui fait seul tout mon bien.
Ah ! Crispin !

CRISPIN.

Cependant une terreur secrette ,
S'empare de mes sens , m'allarme & m'inquiette.
Si la justice vient à connoître du fait,
Elle est un peu brutale & saisit au collet,
Il faut faire un faux seing & ma main allarmée,
Se refuse au projet dont mon ame est charmée.

ERASTE.

Ton trouble est mal fondé ; depuis deux ou trois
    mois !
Geronte ne pouvoit se servir de ses doigts,
Ainsi sa signature ailleurs si nécessaire ,
N'est point comme tu vois requise en nôtre affaire,
Et tu déclareras que tu ne peux signer,

CRISPIN.

'A de bonnes raifons je me laiſſe gagner,
Et je ſens tout à coup renaître en mon courage,
L'ardeur dont j'ai beſoin pour un ſi grand ou-
vrage.

SCENE IV.

LISETTE *aportant des hardes pareilles à celles de Geronte*, **ERASTE, CRISPIN.**

LISETTE *jettant le paquet.*

DU bon-homme Geronte en gros comme en
détail,
Comme tu l'as requis, voila tout l'attirail.
    CRISPIN *ſe deshabillant.*
Ne perdons point de tems, que l'on m'habille en
hâte,
Monſieur, mettez la main s'il vous plaît à la pâte,
La Robe, dépêchons, paſſez-là dans mes bras,
Ah ! le mauvais valet, chauſſez chacun un bas.
Ça le mouchoir de cou, mets-moi vîte ce caſque,
Les pantoufles, fort bien, l'équipage eſt fantaſque.
    LISETTE.
Oüi, voilà le défunt, diſſipons nôtre ennui,

Geronte n'est point mort puisqu'il revit en lui,
Voilà son air, ses traits, & l'on doit s'y méprendre.

CRISPIN.

Mais avec son habit si son mal m'alloit prendre.

ERASTE.

Ne crains rien, arme-toi de résolution.

CRISPIN.

Ma foi déja je sens un peu d'émotion.
Je ne sçai si la peur est un peu laxative,
Ou si cet habit est de vertu purgative.

LISETTE.

Je veux te mettre encore ce vieux manteau fourré,
Dont aux jours de remede il étoit entourré.

CRISPIN.

Tu peux quand tu voudras apeller les Notaires,
Me voilà maintenant en habits mortuaires.

LISETTE.

Je vais dans un moment les amener ici.

CRISPIN.

Secondez-moi bien tous dans cette affaire-ci.

SCENE

SCENE V.

ERASTE, CRISPIN.

CRISPIN.

VOus, Monſieur, s'il vous plaît, ferme zporte
    & fenêtre,
Un éclat indiſcret peut me faire connoître ;
Avancez cette table, aprochez ce fauteüil,
Ce jour mal condamné me bleſſe encore l'œil.
Tirez bien les rideaux, que rien ne nous trahiſſe.

ERASTE.

Faſſe un heureux deſtin réüſſir l'artifice,
Si j'oſe me porter à cette extrêmité ;
Malgré moi j'obéïs à la neceſſité.
J'entens du bruit.

CRISPIN ſe jettant bruſquement ſur le fauteüil.

Songeons à la cérêmonie,
Et ne me quittez pas, Monſieur, à l'agonie.

ERASTE.

Un Dieu dont le pouvoir ſert d'excuſe aux Amans,
Sçaura me diſculper de ces emportemens.

H

SCENE VI.

LISETTE, Mr SCRUPULE, GASPARD, CRISPIN, ERASTE.

LISETTE.

ENtrez, Messieurs, entrez, voilà les deux Notai-
    res,
Avec qui vous pouvez mettre ordre à vos affaires.

CRISPIN.

Messieurs, je suis ravi, quoi qu'à l'extrémité,
De vous voir tous les deux en parfaite santé,
Je voudrois bien encore être à l'âge où vous êtes,
Et si je me portois aussi-bien que vous faites,
Je ne songerois guére à faire un testament.

Mr SCRUPULE.

Cela ne vous doit point chagriner un moment,
Rien n'est desespéré, cette cérémonie,
Jamais d'un testateur n'a racourci la vie,
Au contraire, Monsieur, la consolation
D'avoir fait de ses biens la distribution,
Répand au fond du cœur un repos simpatique,
Certaine quiétude, & douce & balzamique,

Que se communiquant après dans tous les sens,
Rétablit la santé dans quantité de gens.

CRISPIN.

Que le Ciel veüille donc me traiter de la sorte ?

A Lisette.

Messieurs asseïez-vous. Toi va fermer la porte.

GASPARD.

D'ordinaire, Monsiéur, nous aportons nos soins,
Que ces Actes secrets se passe sans témoins,
Il seroit à propos que Monsiéur prit la peine
D'aller avec Madame, en la chambre prochai-
ne.

LISETTE.

Moi, je ne puis quitter, Monsieur, un seul moment.

ERASTE.

Mon oncle sur ce point dira son sentiment.

CRISPIN.

Ces personnes, Messieurs, sont sages & discrettes,
Je puis leur confier mes volontez secrettes,
Et leur montrer l'éxcès de mon affection.

Mr SCRUPULE.

Nous ferons tout au gré de vôtre intention.
L'intitulé sera tel que l'on doit le faire,
Et l'on le réduira, dans le stile ordinaire.
Pardevant, fut present . . . . Geronte . . . . & cœtera,
Dites-nous maintenant tout ce qu'il vous plaira.

CRISPIN.

Je veux premiérement qu'on acquitte mes dettes

ERASTE.

Nous n'en trouverons pas je croi beaucoup de
faites.

CRISPIN.

Je dois quatre cens francs à mon Marchand de vin,
Un fripon qui demeure au cabaret voisin.

Mr SCRUPULE.

Fort bien , où voulez-vous Monfieur qu'on vous
enterre ?

CRISPIN.

A dire vrai, Meffieurs , il ne m'importe guére.
Qu'on se garde fur tout de me mettre trop près
De quelque Procureur chicaneur & mauvais,
Il ne manqueroit pas de me faire querelle ;
Ce feroit tous les jours procédure nouvelle,
Et je ferois encore contraint de déguerpir.

ERASTE.

Tout fe fera Monfieur felon vôtre defir ,
J'aurai foin du convoi, de la pompe funèbre,
Et n'épargnerai rien pour la rendre celebre.

CRISPIN.

Non, mon neveu , je veux que mon enterrement
Se faffe à peu de frais & fort modeftement.
Il fait trop cher mourir , ce feroit confcience,
Jamais de mon vivant je n'aimai la dépenfe ,
Je puis être enterré fort bien pour un écu.

LISETTE.

Le pauvre malheureux meurt comme il a vécu.

GASPARD.

C'eſt à vous maintenant s'il vous plaît de nous dire
Les legs qu'au teſtament vous voulez faire écrire.

CRISPIN.

C'eſt à quoi nous allons nous emploïer dans peu,
Je nomme, j'inſtituë Eraſte mon neveu,
Que j'aime tendrement pour mon ſeul Légataire,
Unique, univerſel.

ERASTE.

O douleur trop amere!

CRISPIN.

Lui laiſſant tout mon bien, meubles, propres, acquêts,
Vaiſſelle, argent comptant, contrats, maiſons,
    billets,
Des-héritant en tant que beſoin pourroit être,
Parens, niéces, neveux, nez auſſi-bien qu'à naître,
Et même tous bâtards à qui Dieu faſſe paix,
S'il s'en trouvoit aucuns au jour de mon décez.

LISETTE.

Ce diſcours me fend l'ame, helas ! mon pauvre
    maître !
Il faudra donc vous voir pour jamais diſparoître.

ERASTE

Les biens que vous m'offrez n'ont pour moi nuls
    apas,
S'il faut les accepter avec vôtre trépas.

CRISPIN.

Item, Je donne & légue à Liſette preſente

LISETTE.

Ah !

CRISPIN.

Qui depuis cinq ans me tient lieu de Servante ,
Pour épouser Crispin en légitime nœu,
Non autrement,

LISETTE *tombant évanoüie.*

Ah ! ah !

CRISPIN.

Soûtiens-la mon neveu.
Et pour récompenser l'affection., le zéle,
Que de tout tems pour moi j'ai reconnu en elle.

LISETTE.

Le bon maître, grands Dieux ! que je vais perdre
là !

CRISPIN.

Deux mille écus.comptant en espéce.

LISETTE.

Ha, ha, ha.

ERASTE *à part..*

Deux mille écus, je croi que le pendard se moque.

LISETTE.

Je n'y puis résister , la douleur me suffoque !
Je croi que j'en mourai.

CRISPIN.

Lesquels deux mille écus,
Du plus clair de mon bien seront pris & perçûs.

LISETTE.

Le Ciel vous fasse paix d'avoir de moi mémoire.,

Et vous paie au centuple un œuvre méritoire,
Il m'avoit promis de ne pas m'oublier.

ERASTE *bas.*

Le fripon m'a joüé d'un tour de son métier.

Haut.

Je croi que voilà tout ce que vous voulez dire ?

CRISPIN.

J'ai trois ou quatre mots encore à faire écrire.
Item, Je laisse & légue à Crispin.

ERASTE *bas.*

A Crispin !

Je croi qu'il perd l'esprit ; quel est donc son dessein ??

CRISPIN.

Pour les bons & loiaux services...

ERASTE *bas.*

Ah ! le traître,

CRISPIN.

Qu'il a toûjours rendus & doit rendre à son
maître.

ERASTE.

Vous ne connoissez pas mon oncle ce Crispin,
C'est un mauvais valet, ivrogne, libertin,
Méritant peu le bien que vous voulez lui faire.

CRISPIN.

Je suis persuadé mon neveu du contraire,
Je connois ce Crispin mille fois mieux que vous,
Je lui veux donc léguer en dépit des jaloux.

ERASTE *à part.*

Le chien ??

CRISPIN.

Quinze cens francs de rentes viagéres,
Pour avoir souvenir de moi dans ses prieres.

ERASTE.

Ah ! quelle trahison !

CRISPIN.

Trouvez-vous mon neveu
Le présent mal-honnête & que ce soit trop peu ?

ERASTE.

Comment quinze cens francs !

CRISPIN.

Oüi, sans laquelle clause
Le présent testament sera nul, & pour cause.

ERASTE.

Pour un valet mon oncle a-t-on fait un tel legs ?
Vous n'y pensez donc pas.

CRISPIN.

Je sçais ce que je fais,
Et je n'ai point l'esprit si foible & si débile.

ERASTE.

Mais . . . .

CRISPIN.

Si vous me fâchez j'en laisserai deux mille ?

ERASTE.

Si . . . .

LISETTE.

Ne l'obstinez point je connois son esprit,
Il le feroit, Monsieur, tout comme il vous le dit.

ERASTE,

Soit, je ne dirai mot, cependant de ma vie,
Je n'aurai de parler une si juste envie.

CRISPIN.

N'aurois-je point encore quelqu'un de mes amis
A qui je pourrois faire un *fideicommis.*

ERASTE *bas.*

Le scelerat encore rit de ma retenuë,
Il ne me laissera plus rien s'il continuë.

Mr SCRUPULE.

Est-ce fait ?

CRISPIN.

Oüi, Monsieur.

ERASTE.

Le Ciel en soit beni.

GASPARD.

Voilà le Testament heureusement fini.
Vous plaît-il de signer ?

CRISPIN.

J'en aurois grande envie ;
Mais j'en suis empêché par la paralisse,
Qui depuis quelques mois me tient sur le bras droit.

GASPARD.

Et ledit Testateur déclare en cet endroit,
Que de signer son nom, il est dans l'impuissance,
De ce l'interpellant au gré de l'Ordonnance.

CRISPIN.

Qu'un Testament à faire est un pesant fardeau !
M'en voilà délivré, mais je suis tout en eau.

Mr SCRUPULE.

Vous n'avez plus besoin de nôtre ministère.

CRISPIN.

Laissez-moi, s'il vousplaît, l'acte qu'on vientde faire.

Mr SCRUPULE.

Nous ne pouvons, Monsieur, cet Acte est un dépôt,
Qui reste dans nos mains ; je reviendrai tantôt,
Pour vous en apôrter moi-même une copie.

ERASTE.

Vous nous ferez plaisir, mon oncle vous en prie,
Et veut récompenser vôtre peine & vos soins.

GASPARD.

C'est maintenant, Monsieur, ce qui presse le moins.

CRISPIN.

Lisette, conduis-les.

SCENE VII.

ERASTE, CRISPIN.

CRISPIN se deshabillant.

AI-je tenu parole,
Et dans l'occasion sçai-je joüer mon rôle,
Et faire un Testament ?

ERASTE.
>
Trop bien pour ton profit.
Dis-moi donc malheureux as-tu perdu l'esprit,
De faire un Testament qui m'est si dommageable?
De laisser à Lisette une somme semblable?

CRISPIN.
Ma foi ce n'est pas trop.

ERASTE.
Deux mille écus comptans?

CRISPIN.
Il faut en pareil cas que chacun soit content:
Pouvois-je moins laisser à cette pauvre fille?

ERASTE
Comment donc traître?

CRISPIN.
Elle est un peu de la famille,
Vôtre oncle, si l'on croit le lardon scandaleux,
N'a pas été toûjours impotent & gouteux,
Et j'ai dû lui laisser un peu de subsistance,
Pour l'acquit de son ame, & de ma conscience.

ERASTE.
Et de ta conscience ; & ces quinze cens francs,
De pension à toi paiables tous les ans,
Que tu t'es fait léguer avec tant de prudence,
Est-ce encore pour l'acquit de cette conscience?

CRISPIN.
Il ne faut point, Monsieur, s'estomaquer si fort,
On peut en un moment nous mettre tous d'accord,
Puisque le Testament que nous venons de faire,
Où je vous institue unique Légataire,

Ne peut avoir l'honneur d'obtenir vôtre aveu.
Il faut le déchirer, & le jetter au feu.

ERASTE.

M'en préserve le Ciel !

CRISPIN.

Sans former d'entreprise
Laissons la chose au point où vôtre oncle l'a mise,

ERASTE.

Ce seroit cent fois pis, j'en mourrois de douleur.

GRISPIN.

Il s'éleve aussi-bien dans le fond de mon cœur,
Certain remord cuisant, certaine sinderese,
Qui furieusement sur l'estomac me pese.

ERASTE.

Rentrons Crispin, je tremble, & suis persuadé,
Que nous allons trouver mon oncle décedé,
Ou que dans ce moment pour le moins il expire.

CRISPIN.

Helas ! il étoit tems ma foi de faire écrire.

ERASTE,

Le laurier dont tu viens de couronner ton front,
Ne peut avoir un prix ni trop grand ni trop prompt.

CRISPIN.

Il faut donc s'il vous plaît m'avancer une année,
De cette pension que je me suis donnée.
Vous ne sçauriez me faire un plus charmant plaisir.

ERASTE.

C'est ce que nous verrons avec plus de loisir.

SCENE

SCENE VIII.

LISETTE, ERASTE, CRISPIN.

LISETTE se jettant dans le fauteüil.

Miféricorde, ah ! Ciel ! je me meurs, je fuis
morte !

ERASTE.

Qu'as-tu donc mon enfant à crier de la forte ?

LISETTE.

J'étouffe, ouf, ouf, la peur m'empéche de parler.

CRISPIN.

Quel vertigo foudain a donc pû te troubler ?
Parle donc ſi tu veux ?

LISETTE.

Geronte....

CRISPIN.

Eh bien ! Geronte.

LISETTE se levant bruſquement.

Ah ! prenez garde à moi !

CRISPIN.

Veux-tu finir ton comptol

LISETTE.

Un grand phantôme noir.

Documents manquants (pages, cahiers...)

NF Z 43-120-13

ERASTE.

Comment donc, que dis-tu ?
LISETTE.

Helas ! Non cher Monsieur, je dis ce que j'ai vû ;
Après avoir conduit ces Messieurs dans la ruë,
Où la mort du bon homme est déja répanduë,
Où même le crieur a voulu malgré moi,
Faire entrer avec lui l'attirail d'un convoi,
De la chambre où gisoit vôtre oncle sans escorte,
Il m'a semblé d'abord entendre ouvrir la porte,
Et montant l'escalier, j'ai trouvé nez pour nez,
Comme un grand revenant Geronte sur ses pieds.

CRISPIN.

De la crainte d'un mort ton ame possédée,
T'abuse & te fait voir un phantôme en idée.
LISETTE.

C'est lui, vous dis-je, il parle... Ah !
CRISPIN.

Pourquoi-donc ce grand cri ?
LISETTE.

Excuse mon enfant je te prenois pour lui.
Enfin criant, courant, sans détourner la vûë,
Essouflée, & tremblante, ici je suis venuë,
Vous dire que le mal de vôtre oncle en ces lieux,
N'est qu'une létargie & qu'il n'en est que mieux.

ERASTE.

Avec quelle constance au branle de sa rouë,
La fortune ennemie, & me berce & me joue !

LISETTE.

Ô trop flateur espoir ! projets si bien conçus,
Et mieux exécutez, qu'êtes-vous devenus ?

CRISPIN.

Voilà donc le défunt que le sort nous renvoie,
Et l'avare Acheron lâche encore sa proie.
Vous le voulez, grands Dieux, ma constance est à
   bout,
Je ne sçai où j'en suis & j'abandonne tout.

ERASTE.

Toi que j'ai vû tantôt si grand, si magnanime,
Un seul revers te rend foible & pusilanime.
Reprens des sentimens qui soient dignes de toi,
Offrons-nous aux dangers, viens signaler ta foi.
Quelque coup de hazard nous tirera d'affaire.

CRISPIN.

Allons-nous abuser encore quelque Notaire ?

ERASTE.

Je vais sans perdre tems remettre ces billets,
Dans les mains d'Isabelle, ils feront leurs effets.
Et nous en tirerons peut-être un avantage,
Qui pourroient bien servir à nôtre mariage.
Vous, rentrez chez mon oncle, & prenez bien le
   soin
D'apeller le secours dont il aura besoin,
Pour retourner plûtôt je pars en diligence,
Et viens vous r'assurer ici par ma presence.

SCENE IX.

CRISPIN, LISETTE.

CRISPIN.

NE me voilà pas mal avec mon teſtament,
Je vois ma penſion paiée en un moment.

LISETTE.

Et mes deux mille écus pour prix de mon ſervice ?

CRISPIN.

Juſte Ciel ! ſauve-toi des mains de la Juſtice !
Tout ceci ne vaut rien & m'inquiète fort,
Je crois bien d'avoir fait mon teſtament de mort.

Fin du quatriéme Acte.

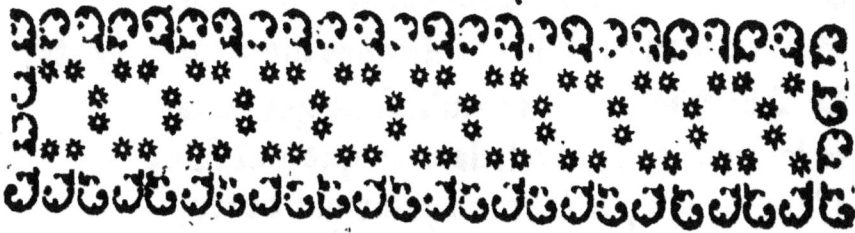

ACTE V.

SCENE PREMIERE.

Me ARGANTE, ISABELLE, ERASTE.

Me ARGANTE.

QUEL eſt vôtre deſſein, & que voulez-
vous faire ?
Puis-je de ces billets être dépoſitaire ?
On me ſoupçonneroit d'avoir prêté les
mains,
A faire réuſſir en ſecret vos deſſeins.
Maintenant que vôtre oncle a pû malgré ſon âge,
Reprendre de ſes ſens heureuſement l'uſage.
Le parti le meilleur ſans uſer de délais
Eſt de lui reporter vous-même ſes billets.

ERASTE.

Ce n'eſt pas d'aujourd'hui que je connois, Madame,
Les nobles ſentimens qui régnent dans vôtre ame,
Nous ne prétendons point vous ni moi retenir

F f 3

Un bien qui ne nous peut encore apartenir.
Mais gardez ces billets quelques momens de grace,
Le Ciel m'inspirera ce qu'il faut que je fasse,
Je le prens à témoin si dans ce que j'ai fait,
L'amour n'a pas été mon principal objet;
Helas ! pour mériter la charmante Isabelle,
J'ai peut être un peu trop fait éclater mon zéle.
Mais on pardonnera ces transports amoureux,
Mon excuse, Madame, est écrite en vos yeux:

ISABELLE.

Puisque pour nôtre himen, j'ai l'aveu de ma mere,
Je puis faire paroître un sentiment sincére.
Les biens dont vous pouvez hériter chaque jour,
N'ont point du tout pour vous déterminé l'amour.
Vôtre personne seule est le bien qui me flâte,
Et tous les vains brillans dont la fortune éclate,
Ne sçauroient ébloüir un cœur comme le mien.

ERASTE.

Si je l'obtiens, ce cœur, non je ne veux plus rien.

Me ARGANTE.

Tous ces beaux sentimens sont fort bons dans un li-
    vre,
L'amour seul, tel qu'il soit ne donne point à vivre.
Et je vous aprens, moi, que l'on ne s'aime bien,
Quand on est marié, qu'autant qu'on a de bien.

BRASTE

Mon oncle maintenant par sa convalescence,
Fait revivre en mon cœur la joie & l'espérance,
Et je vais l'exciter à faire un testament.

Me ARGANTE.

Mais ne craignez-vous rien de son ressentiment ?
Ces billets détournez ne peuvent-ils point faire,
Qu'il prenne à vos desirs un sentiment contraire ?

ERASTE.

Et voilà la raison qui me fait hazarder,
A vouloir quelque tems encore les garder.
Pour revoir ce dépôt rentrer en sa puissance,
Il accordera tout sans trop de résistance.
Il faut Mademoiselle, en ce péril offert,
Etre un peu dans ce jour avec nous de concert.
Voilà tous bons billets qu'il faut, s'il vous plaît,
     prendre.

ISABELLE.

Moi !

ERASTE.

   N'en rougissez point, ce n'est que pour les rendre.

ISABELLE.

Mais je ne sçai, Monsieur, en cette occasion,
Si je dois accepter cette commission.
De ces billets surpris on me croira complice,
En restitutions, je suis encore novice.

ERASTE.

Mais j'entens quelque bruit, c'est Crispin que je
     vois,
A qui donc en as-tu ? te voilà hors de toi ?

SCENE II.

CRISPIN, Me ARGANTE, ISABELLE, ERASTE.

CRISPIN.

ALlons, Monſieur, allons en hommé de cou-
    rage,
Il faut ici ma foi ſoûtenir l'abordage.
Monſieur Geronte aproche.

ERASTE.

            O Ciel ! en ce moment,
Souffrez que je vous méne à mon apartement.
J'ai de la peine encore à m'offrir à ſa vûë,
Laiſſons évaporer un peu ſa bile émuë
Et quand il ſera tems tous unanimement,
Nous viendrons travailler enſemble au dénoüement,
Pour toi, reſte ici, voi l'humeur dont il peut être,
Et tu m'informeras, s'il eſt tems de paroître.

CRISPIN.

Nous voilà grace du Ciel dans un grand embarras,
Dieu veüille nous tirer d'un auſſi mauvais pas.

SCENE III.

GERONTE, CRISPIN, LISETTE.

GERONTE *apuié fur Lifette.*

JE ne puis revenir encore de ma foibleffe,
Je ne fçai où je fuis l'éclat du jour me bleffe,
Et mon foible cerveau de ce choc ébranlé,
Par de fombres vapeurs eft encore tout troublé.
Ai-je été bien long-tems dans cette létargie ?

LISETTE.

Pas tant que nous croions, mais vôtre maladie
Nous a tous mis ici dans un dérangement,
Une agitation, un foin, un mouvement,
Qu'il n'eft pas bien aifé dans le fonds de décrire,
Demandez à Crifpin, il pourra vous le dire.

CRISPIN.

Si vous fçaviez, Monfieur, ce que nous avons fait
Lorfque de vôtre mal, vous reffentiez l'effet,
La peine que j'ai prife & les foins néceffaires,
Pour pouvoir comme vous mettre ordre à vos
affaires,
Vous feriez étonné, mais d'un étonnement,
A n'en pas revenir fi-tôt affurément.

GERONTE.

Où donc eſt mon neveu ? ſon abſence m'ennuie.

CRISPIN.

Ah ! le pauvre garçon, je croi n'eſt plus en vie.

GERONTE.

Que dis-tu-là, comment ?

CRISPIN.

Il s'eſt ſaiſi ſi fort,
Quand il a vû vos yeux tourner droit à la mort,
Que n'écoutant plus rien que ſa douleur amere,
Il s'eſt allé jetter....

GERONTE.

Où donc ? dans la riviere ?

CRISPIN.

Non, Monſieur, ſur ſon lit, où baigné de ſes pleurs,
L'infortuné garçon gémit de ſes malheurs.

GERONTE.

Va-donc lui redonner & le calme & la joie,
Et dis lui de ma part que le Ciel lui renvoie
Un oncle toûjours plein de tendreſſe pour lui,
Qui connoît ſon bon cœur & qui veut aujourd'hui
Lui montrer des effets de ſa reconnoiſſance.

CRISPIN.

S'il n'eſt pas encore mort, en toute diligence
Je vous l'améne ici.

SCENE IV.

GERONTE, LISETTE.

GERONTE.

Mais à ce que je voi,
J'ai donc, Lisette, été plus mal que je ne croi ?

LISETTE.

Nous vous avons crû mort pendant une heure en-
tiere.

GERONTE.

Il faut donc expliquer ma volonté derniere,
Et sans perdre de tems faire mon testament.
Les Notaires sont-il venus ?

LISETTE.

Assurément.

GERONTE.

Qu'on aille de nouveau les chercher, & leur dire
Que dans le même instant je veux les faire écrire.

LISETTE.

Ils reviendront dans peu.

SCENE V.

ERASTE, CRISPIN, LISETTE, GERONTE.

CRISPIN.

Le Ciel vous l'a rendu.

ERASTE.

Helas à ce bonheur me ferois-je attendu !
Je revois mon cher oncle, & le Ciel par fa grace,
Senfible à mes douleurs, permet que je l'embraffe,
Après l'avoir cru mort il paroît à mes yeux.

GERONTE.

Hélas ! mon cher neveu, je n'en fuis guére mieux,
Mais je rends grace au Ciel de prolonger ma vie,
Pour pouvoir maintenant exécuter l'envie
De te donner mon bien par un bon teftament.

LISETTE.

Ce garçon-là, Monfieur, vous aime tendrement.
Si vous aviez pû voir les fincopes, les crifes,
Dont par la fimpatie, il fentoit les reprifes,
Il vous auroit percé le cœur de part en part.

CRISPIN.

Nous en avons tous trois eu nôtre bonne part.

LISET-

LISETTE.

Enfin le Ciel a pris pitié de nos miséres,
Mais j'aperçois quelqu'un , c'est un des deux
Notaires.

GERONTE *a part.*

Bon jour Monsieur Scrupule.

CRISPIN.

Ah ! me voilà perdu.

SCENE VI.

Mr SCRUPULE , GERONTE, ERASTE, LISETTE. CRISPIN.

GERONTE.

Ici depuis long - tems vous êtes attendu.

Mr SCUPULE.

Certes je suis ravi , Monsieur qu'en moins d'une
heure ,
Vous joüissiez déja d'une santé meilleure.
Je sçavois bien qu'aiant fait vôtre Testament,
Vous sentiriez bien-tôt quelque soulagement,
Le corps se porte mieux lorsque l'esprit se trouve
Dans un parfait repos.

E

GERONTE.

Tous les jours je l'éprouve,

Mr SCRUPULE.

Voici donc le papier que selon vos desseins,
Je vous avois promis de remettre en vos mains,

GERONTE.

Quel papier, s'il vous plaît ? pourquoi ! pour
quelle affaire !

Mr SCRUPULE.

C'est vôtre Testament que vous venez de faire,

GERONTE.

J'ai fait mon Testament !

Mr SCRUPULE.

Oüi, sans doute, Monsieur,

LISETTE bas.

Crispin, le cœur me bat.

CRISPIN bas.

Je frissonne de peur,

GERONTE.

Et parbleu vous rêvez, Monsieur, c'est pour
le faire,
Que j'ai besoin ici de vôtre ministére.

Mr SCRUPULE,

Je ne rêve, Monsieur, en aucune façon,
Vous nous l'avez dicté plein de sens & raison,
Le repentir si-tôt saisiroit-il vôtre ame ?
Monsieur étoit présent aussi-bien que Madame,
Ils peuvent là-dessus dire ce qu'ils ont vû,

ERASTE *bas.*

Que dire !

LISETTE *bas.*

Juste Ciel !

CRISPIN *bas.*

Me voilà confondu.

GERONTE.

Eraste étoit préfent ?

Mr SCRUPULE.

Oüi , Monfieur, je vous jure,

GERONTE.

Eſt-il vrai, mon neveu , parle je t'en conjure ?

ERASTE.

Ah ! ne me parlez point, Monfieur, de Teſtament,
C'eſt m'arracher le cœur trop tiranniquement.

GERONTE.

Lifette , parle donc ?

LISETTE.

Crifpin , parle en ma place ;
Je fens dans mon gofier que ma voix s'embaraſſe,

CRISPIN.

Je pourois là-deſſus vous rendre fatisfait,
Nul ne ſçait mieux que moi la vérité du fait,

GERONTE.

J'ai fait mon Teſtament !

CRISPIN.

On ne peut pas vous dire
Qu'on vous l'ait vû tantôt abſolument écrire ,
Mais je fuis très-certain qu'au lieu où vous voilà,
Un homme à peu près mis comme vous êtes-là,

K 2

Affis dans un fauteüil auprés de deux Notaires,
A dicté mot à mot fes volontez dernières.
Je n'affurerai pas que ce fut vous, pourquoi ?
C'eft qu'on peut fe tromper , mais c'étoit vous
   ou moi.

Mr SCRUPULE.

Rien n'eft plus véritable , & vous pouvez m'en
  croire.

GERONTE.

Il faut donc que mon mal m'ait ôté la mémoire,
Et c'eft ma léthargie.

CRISPIN.

    Oüi , c'eft elle en effet.

LISETTE.

N'en doutez nullement , & pour prouver le fait ,
Ne vous fouvient-il pas que pour certaine affaire ,
Vous m'avez dit tantôt d'aller chez le Notaire ?

GERONTE.

Oüi.

LISETTE.

Qu'il eft arrivé dans vôtre cabinet ,
Qu'il a pris auffi-tôt fa plume & fon cornet ,
Et que vous lui dictiez à vôtre fantaifie.....

GERONTE.

Je ne m'en fouviens point.

LISETTE.

    C'eft vôtre léthargie.

CRISPIN.

Ne vous fouvient-il pas, Monfieur, bien nettement,

Qu'il eſt venu tantôt certain Neveu Normand,
Et certaine Baronne avec un grand tumulte,
Et des airs inſolens chez vous vous faire inſulte.

GERONTE.

Oüi.

CRISPIN.

Que pour vous venger de leur emportement,
Vous m'avez promis place en vôtre Teſtament,
Ou quelle bonne rente au moins pendant ma vie.

GERONTE.

Je ne m'en ſouviens point.

CRISPIN.

C'eſt vôtre léthargie.

GERONTE.

Je croi, qu'ils ont raiſon & mon mal eſt réel.

LISETTE.

Ne vous ſouvient-il pas que Monſieur Cliſtorel...

ERASTE.

Pourquoi tant répéter cet interrogatoire,
Monſieur convient de tout, du tort de ſa mé-
            moire,
Du Notaire mandé, du Teſtament écrit.

GERONTE.

Il faut bien qu'il ſoit vrai puiſque chacun le dit.
Mais voïons donc enfin ce que j'ai fait écrire.

CRISPIN à part.

Ah! voilà bien le diable.

Mr. SCRUPULE.

Il faut donc vous le lire.

K 3

Fut préfent devant nous, dont les noms font au
     bas,
Maître Mathieu Geronte en fon fauteüil à bras,
Eſtant en ſon bon ſens, comme on a pû connoître
Par le geſte & maintien qu'il nous a fait paroî-
     tre,
Quoi que de corps malade ayant ſain jugement,
Lequel après avoir refléchi mûrement,
Que tout eſt ici bas, fragile & tranſitoire.

CRISPIN.

Ah ! quel cœur de rocher & quelle ame aſſez
     noire,
Ne ſe fendroit en quatre en attendant ces mots.

LISETTE.

Helas ! je ne ſçaurois arrêter mes ſanglots.

GERONTE.

En les voïant pleurer mon ame eſt attendrie,
Là, là, conſolez-vous, je ſuis encore en vie.

Mr SCRUPULE continuant de lire.

Conſidérant que rien ne reſte en même état,
Ne voulant pas auſſi décéder inteſtat.

CRISPIN.

Inteſtat...

LISETTE

     Inteſtat !...ce mot me perce l'ame.

Mr SCRUPULE.

Faites trève un moment à vos ſoupirs, Madame,
Conſidérant que rien ne reſte en même état,
Ne voulant pas auſſi décéder inteſtat.

CRISPIN.

Inteftat.

LISETTE.

Inteftat.

Mr SCRUPULE.

Mais laiſſe-moi donc lire.
Si vous pleurez toûjours je ne pourrai rien dire,
A fait ; diĉté, nommé, rédigé par écrit
Son ſuſdit Teſtament en la forme qui ſuit.

GERONTE.

De tout ce préambule & de cette légende,
S'il m'en ſouvient d'un mot, je veux bien qu'on
me pende.

LISETTE.

C'eſt vôtre létargie.

CRISPIN.

Ah ! je vous en répond,
Ce que c'eſt que de nous ! moi cela, me confond.

Mr SCRUPULE lit.

Je veux premierement qu'on acquite mes dettes.

GERONTE.

Je ne dois rien.

Mr SCRUPULE.

Voici l'aveu que vous en faites.
Je dois quatre cens francs à mon Marchand de
vin,
Un fripon qui demeure au Cabaret voiſin.

GERONTE.

Je dois quatre cens francs ! c'eſt une fourberie !

CRISPIN.

Excufez-moi, Monfieur, c'eft vôtre létargie;
Je ne fçai pas au vrai fi vous les lui devez,
Mais il me les a lui mille fois demandez.

GERONTE.

C'eft un maraut qu'il faut envoyer en galere;

CRISPIN.

Quand ils y feroient tous on ne les plaindroit guére.

Mr SCRUPULE lifant.

Je fais mon Légataire unique, univerfel,
Erafte mon neveu.

ERASTE.

Se peut-il jufte Ciel !

Mr SCRUPULE lifant.

Des-héritant en tant que befoin pourroit être,
Parens, niéces, neveux, nez auffi-bien qu'à naître.
Et même tous bâtards à qui Dieu faffe paix,
S'il s'en trouvoit aucuns au jour de mon décès.

GERONTE.

Comment moi ? des bâtards !

CRISPIN.

C'eft ftile de Notaire;

GERONTE.

Oui ! je voulois nommer Erafte Légataire,
A cet article-là je voi prefentement,
Que j'ai bien pû dicter le prefent Teftament.

Mr SCRUPULE lifant.

Item, je donne & legue en efpece fonante
A Lifette....

LISETTE.

Ah ! grands Dieux !

Mr SCRUPULE.

          Qui me sert de servante ?

Pour épouser Crispin en légitime nœu,
Deux mille écus.

CRISPIN.

       Mr … en vérité … pour peu ?

Non .. jamais .. car enfin .. ma bouche … quand
      j'y pense ..
Je me sens sufoquer par lá reconnoissance.

                  à Lisette.

Parle donc !

LISETTE *embrassant Geronte.*

      Ah ! Monsieur…

GERONTE.

          Qu'est-ce à dire celà ?

Je ne suis point l'auteur de ces sotises-là.
Deux mille écus comptant !

LISETTE.

         Quoi déja, je vous prie ,

Vous repentiriez-vous d'avoir fait œuvre pie ?
Une fille nubile, exposée au malheur,
Qui veut faire une fin en tout bien, tout honneur !
Lui refuseriez-vous cette petite grace ?

GERONTE.

Comment six mille francs ! quinze ou vingt écus
      passe..

LISETTE.

Les maris aujourd'hui, Monsieur, sont si courus ,

Et que peut-on , hélas! avoir pour vingt écus ?
GERONTE.
On a ce que l'on peut , entendez-vous ma mie ,
Il en est à tout prix. Achevez je vous prie.
Mr SCRUPULE.
Item , Je donne & legue.
CRISPIN.
Ah ! c'est mon tour enfin ,
Et l'on va me jetter.
Mr SCRUPULE.
à Crispin.
GERONTE *regardant Crispin qui se fait petit.*
A Crispin !
Mr SCRUPULE *lisant.*
Pour tous les obligeans , bons & loyaux services
Qu'il rend à mon neveu dans divers exercices ,
Et qu'il peut bien encore lui rendre à l'avenir.
GERONTE *à part.*
Où donc ce beau discours doit-il enfin venir ?
Voyons ?
Mr SCRUPULE.
Quinze cens francs de rentes viageres,
Pour avoir souvenir de moi dans ses prieres.
CRISPIN *se prosternant aux pieds de Geronte.*
Oüi, je vous le promets, Monsieur, à deux genoux,
Jusqu'au dernier soupir je prierai Dieu pour vous.
Voilà ce qui s'apelle un vraiment honnête homme ,
Si généreusement me laisser cette somme !

GERONTE.

Non ferai-je parbleu. Que veut dire ceci ?
Monfieur, de tous ces legs, je veux être éclairci.

Mr SCRUPULE.

Quel éclairciffement voulez - vous qu'on vous
  donne ?
Et je n'écris jamais que ce que l'on m'ordonne.

GÉRONTE.

Quoi ! moi, j'aurois legué fans aucune raifon.
Quinze cens francs de rente à ce maître fripon,
Qu'Erafte auroit chaffé s'il m'avoit voulu croire.

CRISPIN.

Ne vous repentez pas d'une œuvre méritoire ,
Voulez-vous , démentant un généreux effort,
Eftre avaricieux même après vôtre mort.

GERONTE.

Ne m'a-t'on point volé mes billets dans mes po-
  ches ?
Je tremble du malheur dont je fens les aproches.
Je n'ofe me foüiller.

ERASTE *d part.*

> Quel funefte embarras....
Vous les cherchez en vain, vous ne les avez pas.

GERONTE.

Où font-ils donc ! répons ?...

ERASTE.

> Tantôt pour Ifabelle,
Je les ai par vôtre ordre exprès porté chez elle,

GERONTE.

Par mon ordre !

ERASTE.

Oüi, Monfieur.

GERONTE.

Je ne m'en fouviens point,

CRISPIN.

C'eft vôtre léthargie.

GERONTE.

Oh ! je veux fur ce point
Qu'on me faffe raifon Quelles friponneries,
Je fuis las à la fin de tant de léthargies.
Cours chez elle, dis-lui que quand j'ai fait ce don,
J'avois perdu l'efprit, le fens & la raifon.

SCENE DERNIERE.

Me ARGANTE, ISABELLE,
ERASTE, GERONTE,
LISETTE, CRISPIN.

ISABELLE.

NE vous allarmez point, je viens pour vous
les rendre.

GERONTE.

O Ciel !

ERASTE.

ERASTE.

Mais fous des loix que nous ofons prétendre;

GERONTE.

Et quelles font ces loix ?

ERASTE.

Je vous prié humblemeint
De vouloir aprouver le prefent Teftament.

GERONTE.

Mais tu n'y penfe pas. Veux-tu donc que je laiffe
A cette chambriere un legs de cette efpece ?

LISETTE.

Songez à l'intérêt que le Ciel vous en rend,
Et plus le legs eft gros, plus le mérite eft grand.

GERONTE à Crifpin.

Et ce maraut auroit cette fomme en partage.

CRISPIN.

Je vous promets, Monfieur, d'en faire un bon ufage.
De plus ce legs ne peut en rien vous faire tort.

LISETTE.

Il eft vrai qu'il n'en doit joüir qu'après ma
mort.

ERASTE.

Ce n'eft pas encore tout regardez cette belle,
Vous fçavez ce qu'un cœur peut reffentir pour elle,
Vous avez éprouvé le pouvoir de fes coups,
Charmé de fes attraits, j'embraffe vos genoux,
Et je vous la demande en qualité de femme.

GERONTE.

Ah ! Monfieur, mon neveu.

ERASTE.

Je n'ai fait voir ma flâme,
Que lorfqu'en écoutant un fentiment plus fain,
Vôtre cœur moins épris a changé de deffein.

Me ARGANTE.

Je croi que vous & moi, nous ne fçaurions mieux
faire.

GERONTE.

Nous verrons, mais avant de conclure l'affaire,
Je veux voir mes billets en entier.

ISABELLE.

Les voilà,
Tels que je les ai reçus, je les rends.

LISETTE *prenant le porte-feüille*
plûtôt que Geronte.

Alte là.
Convenons de nos faits avant que de rien rendre.

GERONTE.

Si tu ne me les rends, je vous ferai tous pendre.

ERASTE *fe jettant à genoux.*

Monfieur, vous voiez embrafer vos genoux,
Voulez-vous aujourd'hui nous défefperer tous ?

LISETTE *à genoux.*

Eh ! Monfieur.

CRISPIN *à genoux.*

Eh ! Monfieur !

GERONTE.

La tendreffe m'accueille
Dites-moi, n'a-t'on rien diftrait du porte-feüille

ISABELLE.

Non, Monfieur ; je vous jure il eft en fon entier,
Et vous retrouverez jufqu'au moindre papier.

GERONTE.

Hé bien s'il eft ainfi pardevant le Notaire,
Pour avoir mes billets je confens à tout faire.
Je ratifie en tout le prefent teftament.
Mes billets ?

LISETTE.
Les voilà.

ERASTE à Geronte.
Quelle action de grace ?

GERONTE.

De vos remercimens volontiers je me paffe,
Mariez-vous tous deux, c'eft bien fait j'y confens,
Mais fur tout au plûtôt procréez des enfans,
Qui puiffent heriter de vous en droite ligne,
De tous collateraux l'engeance eft trop maligne,
Déteftez à jamais tous neveux bas Normands,
Et Niéce que le diable améne ici du Mans.
Fléaux plus dangereux, animaux plus funeftes,
Que ne furent jamais les guerres ni les peftes.

CRISPIN.

Laiffons-le dans l'erreur, nous fommes heritiers.
Lifette, fur mon front viens ceindre les Lauriers,
Mais n'y mets rien de plus pendant le mariage.

LISETTE.

J'ai du bien maintenant affez pour être fage.

CRISPIN.

Messieurs , j'ai grace au Ciel mis ma barqu
    bon port ,
En faveur des vivans je fais revivre un mo
Je nomme à mes desirs un ample légataire
J'acquiers quinze cens francs de rentes viagé
Femme au par-dessus , mais ce n'est pas assez
Je renonce à mon [...], si vous n'aplaudisse

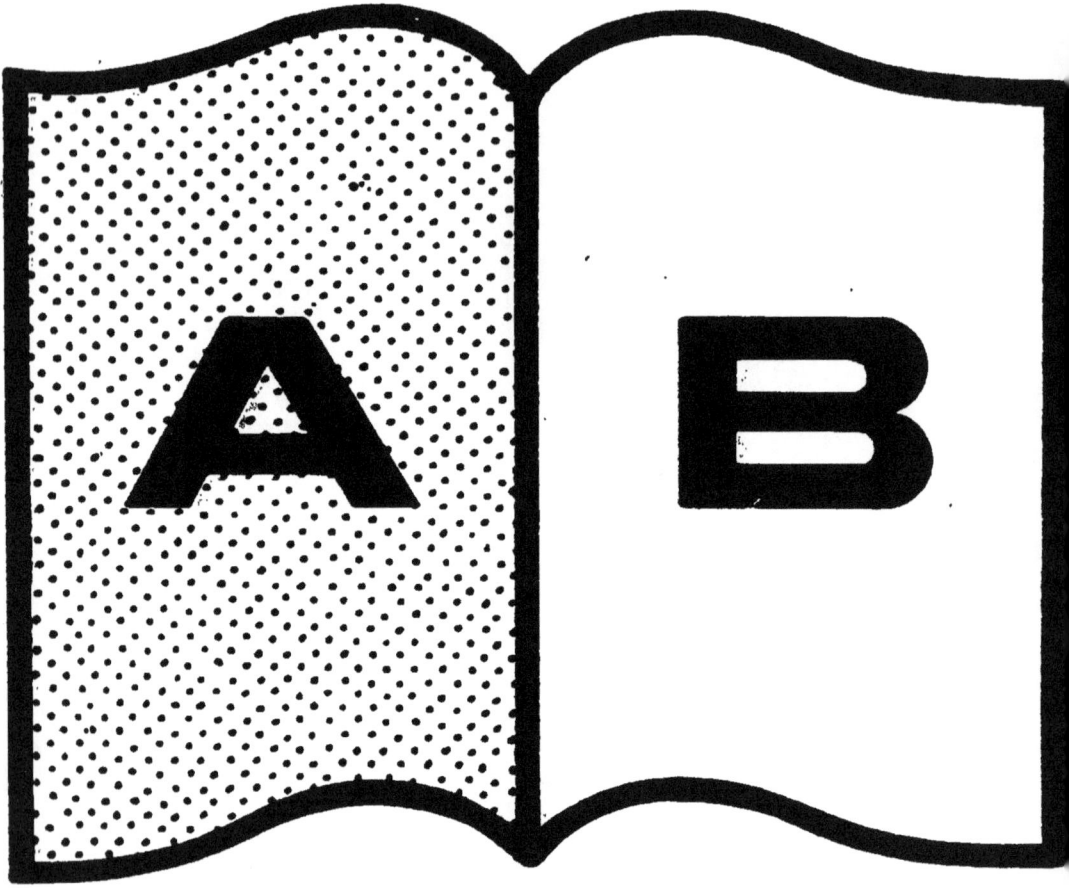

Contraste insuffisant

NF Z 43-120-14

www.ingramcontent.com/pod-product-compliance
Lightning Source LLC
Chambersburg PA
CBHW051736090426
42738CB00010B/2286